Les Poissons

Texte original de Cesare Conci et Menico Torchio
Illustrations de Eva Hülsmann
Adaptation française de Catherine Bodin-Godi
Révision : Michel Cuisin
Secrétariat d'édition : Jérémie Salinger

Première édition française 2001 par Éditions Gründ, Paris

ISBN : 2-7000-1874-5
Dépôt légal : mars 2001
Édition originale 1998 par Giunti Gruppo Editoriale, sous le titre *Pesci*

PAO : Tifinagh, Paris
Imprimé en Italie

CESARE CONCI ET MENICO TORCHIO

Les Poissons

Illustrations de

EVA HÜLSMANN

Adaptation française de

CATHERINE BODIN-GODI

GRÜND

AVANT-PROPOS

Ce guide fournit une description des principaux poissons de mer et d'eau douce qui peuplent nos mers, nos cours d'eau ou nos aquariums. Destinées à faciliter l'identification de chaque espèce, les planches illustrées s'accompagnent d'un texte qui précise la distribution géographique du poisson, son habitat, ainsi que ses dimensions, sa fréquence et sa valeur culinaire.
Il va de soi que ces informations succinctes ne peuvent à elles seules rendre compte de la totalité et de la complexité des caractères spécifiques à chaque espèce. Nous nous sommes cependant efforcés de satisfaire à la fois à des exigences de précision et de concision.
Nous adressons nos plus vifs remerciements à Eva Hülsmann qui a contribué à la clarté de ce guide par ses remarquables illustrations. *Nous sommes certains que cet ouvrage contribuera à renforcer la prise de conscience écologique dans notre pays.*

INTRODUCTION

LES CYCLOSTOMES

Bien qu'on les confonde souvent avec les Poissons, les Cyclostomes (*Cyclostomata*) appartiennent à une classe distincte de Vertébrés aquatiques inférieurs, caractérisés par des branchies, un squelette cartilagineux, une peau nue, une narine unique, et par l'absence de mâchoires et de nageoires paires.

Leur corps est allongé, vermiforme, protégé par une peau visqueuse sans écailles et dotée de nombreuses glandes muqueuses. Ils possèdent une nageoire caudale et, souvent, une ou deux nageoires dorsales. Dépourvue de mâchoires, leur bouche est généralement en forme de ventouse allongée ou ronde. Elle contient un nombre variable de dents et de plaques dentaires cornées, périodiquement renouvelées, qui sont implantées sur la langue et sur les parois buccales. Leur narine unique est située sur la tête, plus ou moins près de la bouche. Les yeux, qui peuvent être atrophiés, même chez l'adulte, se trouvent de part et d'autre de la tête. Derrière les yeux s'alignent les orifices branchiaux, en nombre variable.

Les Cyclostomes pondent leurs œufs dans l'eau, où ils sont fécondés. Selon les espèces, ces œufs donnent naissance soit à des petits déjà développés, semblables à des adultes en miniature (à quelques différences près), soit à des larves qui subiront plusieurs métamorphoses avant d'atteindre leur complet développement. Certaines espèces vivent exclusivement en mer, d'autres en eau douce, tandis que d'autres encore habitent la mer mais vont se reproduire dans les fleuves (espèces dites potamotoques ou anadromes).

Habiles nageurs, les Cyclostomes se déplacent avec des mouvements serpentins. Ils peuvent vivre enfouis dans la vase, mais préfèrent souvent se fixer sur un poisson hôte dont ils sucent le sang et dévorent la chair à l'aide de leur langue râpeuse. Répandus dans les deux hémisphères, ils fréquentent les mers tempérées et froides, et les eaux continentales, où ils causent parfois des ravages parmi la faune ichtyologique : en effet, s'ils ne tuent pas systématiquement les poissons qu'ils parasitent, ils les affaiblissent et leur infligent des blessures qui favorisent les infections et cicatrisent difficilement. De nombreuses espèces sont comestibles et même excellentes lorsqu'elles sont bien cuisinées (comme la Lamproie à la Bordelaise), mais il est à noter que leur sang contient un poison (ichtyotoxine) qui est détruit par la cuisson. Les Cyclostomes sont les plus primitifs des Vertébrés actuels : ils descendent de groupes très anciens dont on a retrouvé des fossiles datant de l'ère paléozoïque, les Ptéraspidomorphes et les Céphalaspidomorphes. Ils comptent une cinquantaine d'espèces marines et dulçaquicoles, ou migratrices. Cette classe se divise en deux sous-classes qui se distinguent par leurs caractères anatomiques, physiologiques, éthologiques et écologiques : les Myxinoïdes et les Pétromyzonoïdes.

– Sous-classe des Myxinoïdes (Myxines). Ses représentants ont une bouche en forme de fente bordée de huit barbillons, pourvue d'une langue râpeuse et d'une seule dent sur le palais. Narine située à l'extrémité antérieure de la tête, yeux atrophiés, cloaque et absence de nageoire dorsale. Pas de stade larvaire. Ne vivent que dans la mer. Cette sous-classe comprend un seul ordre, celui des Myxiniformes, auquel appartient notamment la Myxine (*Myxine glutinosa* L.), une espèce de l'Atlantique Nord que l'on rencontre très rarement en Méditerranée.

– Sous-classe des Pétromyzonoïdes (Lamproies). Ses représentants ont une bouche-ventouse circulaire qui s'ouvre sur la face inférieure de la tête, pourvue de nombreuses dents implantées sur la langue et les parois buccales. Narine s'ouvrant sur la face supérieure de la tête. Yeux bien développés chez l'adulte. Une ou deux nageoires dorsales. Développement indirect avec stade larvaire très prononcé (ammocètes).
Ce groupe comprend à la fois des espèces marines, dulçaquicoles et migratrices (amphibiotiques). Parmi les plus courantes, signalons la Lamproie marine (*Petromyzon marinus* L.), sans doute la plus répandue (voir figure page 27) et la Lamproie de rivière (*Lampetra fluviatilis* L.); toutes deux sont des parasites des poissons et sont anadromes (elles vivent en mer, mais remontent dans les fleuves pour frayer). Quant à la Petite Lamproie de rivière ou Lamproie de Planer (*Lampetra planeri*, Bloch), sa morphologie est semblable à la précédente, mais contrairement aux deux autres, elle ne prend plus aucune nourriture après la métamorphose et ne migre pas.

LES POISSONS

Les Poissons (*Pisces*) constituent une super-classe de vertébrés aquatiques hétérothermes, dotés de nageoires et de branchies. Contrairement aux Cyclostomes, ils sont pourvus de mâchoires, de deux narines et de membres transformés (les nageoires paires).

En général, les Poissons ont un corps fuselé, comprimé latéralement, mais ils peuvent aussi être aplatis dorso-ventralement ou cylindriques et allongés, sphériques, anguilliformes, filiformes, etc. Leur forme est souvent conditionnée par le milieu et le mode de vie. Dans la plupart des cas, on distingue aisément la tête, le tronc et la queue (celle-ci étant généralement comprimée latéralement), tandis que le cou est absent. La position de la bouche et des yeux est très variable : souvent située à l'extrémité du museau, la bouche peut aussi s'ouvrir sur sa face supérieure ou sur sa face inférieure ; les yeux sont latéraux ou dorsaux, c'est-à-dire sur la face supérieure de la tête, ou encore tous les deux du même côté, voire inexistants.

Les écailles sont cornées ou, plus généralement, osseuses ; ces dernières présentent une structure très diverse selon les espèces, dont elles sont parfois caractéristiques. On observe aussi de grandes différences dans les branchies, le squelette, les viscères, le mode de reproduction, etc., selon les espèces. La taille est également très variable : avec ses neuf millimètres, le Gobie nain (*Pandaka pygmaea*), répandu près des îles Philippines, est le plus petit vertébré connu, tandis que le Requin-baleine (*Rhincodon typus*) mesure jusqu'à dix-huit mètres de long, soit autant que la Baleine de Biscaye (*Eubalaena glacialis*).

L'étude des fossiles a permis de répartir les Poissons dans quatre groupes évolutifs distincts. La super-classe des Poissons est divisée en deux classes principales : les Poissons cartilagineux (Chondrichthyens) et les Poissons osseux (Ostéïchthyens). Chacune de ces classes comprend elle-même deux sous-classes : les Élasmobranches et les Holocéphales (chimères), d'une part, les Actinoptérygiens (poissons à nageoires rayonnées) et les Sarcoptérygiens d'autre part.
Selon certains taxinomistes, ces quatre groupes devraient en fait être considérés comme quatre classes distinctes. La classification des poissons peut donc se résumer ainsi :

- Super-classe des Poissons
  - Classe des Poissons cartilagineux
    - Sous-classe des Élasmobranches, ou Plagiostomes
    - Sous-classe des Holocéphales
  - Classe des Poissons osseux
    - Sous-classe des Actinoptérygiens
    - Sous-classe des Crossoptérygiens

LES POISSONS CARTILAGINEUX

Les Poissons cartilagineux ou Chondrichthyens ont un squelette entièrement cartilagineux, une peau recouverte d'écailles dites placoïdes (appelées aussi denticules cutanés), qui s'apparentent à de petites dents pointues, et une ou plusieurs fentes branchiales externes, qui ne sont pas protégées par des opercules. Cette classe de Poissons compte près de 650 espèces (dont 85 environ vivent dans les mers européennes). Ce sont les plus primitifs des Poissons vivant actuellement. Ils se divisent en deux sous-classes : les Élasmobranches et les Holocéphales. Les représentants des Élasmobranches possèdent au moins cinq paires de fentes branchiales, un cloaque, et leur mâchoire supérieure est séparée du crâne. Les représentants des Holocéphales ont les fentes branchiales recouvertes par un repli de peau, leur mâchoire supérieure est soudée au crâne et ils sont dépourvus de cloaque. Cette sous-classe ne comprend qu'un seul ordre, celui des Chimaeriformes, qui sont pourvus d'une petite bouche s'ouvrant vers le bas, d'une longue queue et de deux nageoires dorsales, la première portant un long aiguillon érectile ; leur peau est nue. Cet ordre comprend 25 espèces vivantes, regroupées dans trois familles et cinq genres. Dans les mers européennes, on rencontre exclusivement la famille des Chimaeridés, constituée d'un seul genre et de trois espèces, dont une seule vit aussi en Méditerranée : le Rat de mer ou Chimère commune (voir figure page 48).

LES POISSONS OSSEUX

Les Poissons osseux ou Ostéichthyens possèdent un squelette en grande partie ossifié, une seule paire de branchies recouvertes par un opercule constitué de plusieurs pièces osseuses. On les divise en deux sous-classes : les Actinoptérygiens et les Crossoptérygiens. Dépourvus de narines internes et de cloaque, les Actinoptérygiens ont

un système circulatoire simple et une respiration exclusivement branchiale. Les Crossoptérygiens sont pourvus de narines internes, d'un cloaque et parfois d'un double système circulatoire incomplet, leur respiration pouvant être uniquement branchiale, ou également pulmonaire.
Les Actinoptérygiens comptent environ 20 000 espèces dont 73 peuplent les eaux douces de France (situation en 1994). Leur classification est très complexe ; elles se répartissent en de nombreux ordres, dont la détermination repose principalement sur les caractères du squelette, des nageoires, des écailles et de certains viscères.
Dans la grande majorité des cas, le corps des Actinoptérygiens est recouvert d'écailles, formations cutanées produites par le derme. Si ces écailles ont une structure primitive complexe chez certaines espèces (écailles ganoïdes), la plupart des Actinoptérygiens actuels possèdent des écailles fines que l'on divise en deux catégories – cycloïdes et cténoïdes – selon que leur bord postérieur est lisse ou denté.
Le nombre, la position et la forme des nageoires sont des critères importants d'identification des espèces. Les nageoires paires, qui correspondent aux membres des Vertébrés supérieurs (Amphibiens, Reptiles, etc.), sont disposées de chaque côté du corps, tandis que les nageoires impaires s'insèrent sur la surface médiane du corps. On distingue deux types de nageoires paires : les nageoires antérieures, dites pectorales, et les nageoires postérieures, dites pelviennes. Ces dernières peuvent être abdominales (Truite), thoraciques (Thon) ou jugulaires (Morue) selon qu'elles s'insèrent derrière, dessous, ou devant les nageoires pectorales.

La nageoire caudale est dite homocerque quand ses deux lobes sont à peu près égaux, ou hétérocerque quand elle est dissymétrique ; dans ce dernier cas, chez les Actinoptérygiens actuels, c'est souvent le lobe supérieur de la caudale qui est plus développé (esturgeons). En général, cependant, l'infléchissement de la colonne vertébrale au niveau de la queue est invisible à l'œil nu, si bien que la nageoire paraît symétrique et est donc dite homocerque. Chez les espèces dotées de plusieurs nageoires dorsales (jusqu'à trois) ou de deux nageoires anales, celles-ci sont numérotées d'avant en arrière (première, deuxième et troisième dorsales ; première et deuxième anale).

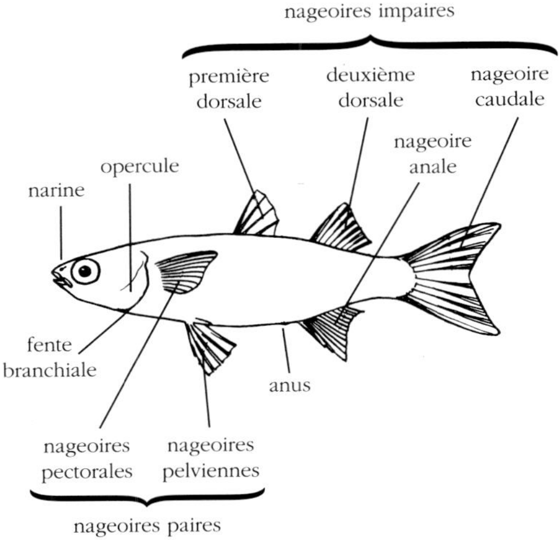

L'IMPORTANCE ÉCONOMIQUE DES POISSONS

De tout temps, l'homme s'est intéressé aux poissons et a cherché à exploiter le patrimoine ichtyologique des cours d'eau et des mers par des méthodes de plus en plus ingénieuses et rationnelles. Les artistes du Solutréen et du Magdalénien ont laissé d'étonnantes et remarquables représentations pariétales de la faune variée qui les entourait : les poissons y sont figurés à peine moins souvent que les grands herbivores, et plus fréquemment que l'Ours, le Renard et le Loup. Les représentations de thons et notamment de germons qui illustrent les vases grecs sont bien connues, de même que l'on se souvient des mosaïques de Pompéi, figurant avec une grande précision les espèces de poissons les plus communes de la Méditerranée.
Les poissons ont une valeur nutritive très élevée. Comestibles dans l'immense majorité des cas, leur chair est même souvent excellente.
Si de nombreuses peuplades primitives élaborèrent des systèmes de pêche plus ou moins rudimentaires, les nations civilisées ont élevé la pêche au rang de production industrielle ; dans certains pays, comme la Norvège et le Japon, le commerce du poisson et l'industrie de la pêche jouent même un rôle capital dans l'économie.
Par ailleurs, depuis un siècle, il s'est révélé nécessaire de créer des élevages pour accroître nos ressources ichtyologiques. À cet effet, la pisciculture s'est développée sous la houlette de zootechniciens et de zoologistes. Des bassins ont été créés pour l'élevage de Salmonidés et de Cyprinidés, tandis que des stations zoologiques et des laboratoires de biologie marine ont vu le jour afin d'étudier, entre

autres, les espèces intéressantes sur le plan économique. De grands musées océanographiques et des aquariums publics ont également ouvert leurs portes à l'initiative d'institutions publiques ou privées. Après la Seconde Guerre mondiale, le développement de l'aquariophilie a favorisé l'élevage, en bacs d'appartement, d'espèces ornementales telles que les Cyprinidés, les Cyprinodontidés, les Anabantidés, etc., originaires des pays tropicaux les plus divers.
De nombreuses espèces ont été importées, soit en raison de leur rusticité et de leur croissance rapide (Truite arc-en-ciel), soit pour leur aptitude à éliminer les larves du Moustique anophèle, qui transmet le paludisme (c'est le cas de la Gambusie, voir page 142).
Mais il est parfois dangereux d'introduire de nouvelles espèces dans un bassin hydrique sans études préalables, car on risque ainsi de bouleverser l'équilibre de la faune indigène. Parmi les poissons dangereux pour l'homme, on trouve de nombreuses espèces de requins, certaines raies et plusieurs Actinoptérygiens. On sait que certains requins attaquent l'homme. Les pastenagues communes sont pourvues d'un aiguillon caudal venimeux, tandis que chez les rascasses et les vives, ce sont les rayons épineux de la dorsale qui sont venimeux.
Parmi les poissons capables de produire des décharges électriques, on mentionnera les torpilles (genre *Torpedo*), le Poisson chat électrique (*Malapterurus electricus*) et l'Anguille électrique, ou Tremblador (*Electrophorus electricus*), qui peuple les bassins de l'Orénoque et de l'Amazone. La chair de la femelle du Barbeau commun (*Barbus barbus*) est toxique en mai-juin, à l'époque de la fraie, et l'ingestion

de ses œufs provoque de graves troubles. Plusieurs espèces (comme les lamproies) renferment des poisons (ichtyotoxines) qui ne sont détruits que par la cuisson.

LES POISSONS DE TABLE

Indépendamment de la taxinomie, on peut classer les poissons dans différentes catégories en fonction de leur valeur gastronomique. Nous en avons ici retenu quatre, regroupant la plupart des espèces répandues dans nos mers et nos cours d'eau.
Rappelons que l'appréciation gustative des poissons repose sur des critères subjectifs, telle ou telle espèce pouvant être plus ou moins prisée selon les individus ou d'une région à l'autre. D'autre part, certains poissons d'une même espèce n'ont pas le même goût selon le milieu où ils vivent et peuvent être meilleurs à certaines saisons. Il y a enfin des poissons dotés d'une chair savoureuse, mais dont la valeur culinaire est médiocre car ils sont pleins d'arêtes ou ont une forme bizarre, des os verts, etc.

LES POISSONS DE MER

1re catégorie (excellents): Poisson aigle, Mérou, Cernier brun, Denté, Dorade commune, Liche amie, Ombrine, Dorade, Pageot, Pagre commun, Flet, Sabre, Grande Castagnole, Espadon, Turbot, Sole, Bar ou Loup, Thon, Rouget.
2e catégorie (bons): Anchois, Aiguille de mer, Grande Alose, Dorade grise, mulets, Corb, Congre, Spet, Merlan, Capelan, Marbré, Murène, Merlu, Bonite à dos rayé,

Moustelle blanche, Saint-Pierre, Merlan bleu, Baudroie, Barbue, Sar commun, Sardine, Allache, Maquereau, Sprat.
3e catégorie (assez bons) : Sauclet ou Souclet, Bogue, grondins, Fiatolon, Joel, Mendole, Oblade, moutelles, Grande Vive, Exocet, raies, Sparaillon, Sar à tête noire, rascasses, serrans, Requin-taupe, aiguillats, Saurel, Uranoscope, Picarel.
4e catégorie (médiocres ou mauvais) : blennies, Cépole, Petite Castagnole, Rouget volant, Girelle commune, roussettes, gobies, labres, Poisson lune, Saupe, Ange de mer, arnoglosses, torpilles, Pastenague.

Les poissons d'eau douce

1re catégorie (excellents) : Carpione, Lavaret, Perche, Omble chevalier, Saumon, esturgeons, Ombre, truites.
2e catégorie (bons) : aloses, Anguille, Sandre, Lote.
3e catégorie (assez bons) : Carpe, Chevaine, gobies, Goujon, Brochet, Gardon, Chabot, Tanche.
4e catégorie (médiocres ou mauvais) : Barbeau, Blennie fluviatile, Loche de rivière, nases, Perche soleil, Black-bass, Poisson chat, Rotengle, Blageon.

En ce qui concerne la digestibilité des poissons, on distingue trois catégories : la première comprend principalement les espèces à chair blanche, recommandées dans certains régimes, comme le Bar, le Merlu, la Sole, etc. ; la deuxième catégorie comprend des espèces à chair rosée ou jaunâtre comme le Saumon, le Thon, etc. ; la troisième catégorie regroupe les poissons à chair grasse comme l'Anguille, qui n'est pas conseillée à tous.

Classe	*Sous-classe*
Cyclostomes	Myxinoïdes (Myxines)
	Pétromyzonoïdes (Lamproies)
Poissons cartilagineux ou Chondrichthyens	Élasmobranches
	Holocéphales
Poissons osseux	Actinoptérygiens

Le tableau ci-dessus doit permettre au lecteur de s'orienter plus facilement dans la classification complexe des Cyclostomes et des Poissons: ils sont divisés en classes, sous-classes, ordres et familles. Non exhaustif, ce tableau mentionne les principaux groupes d'espèces qui peuplent nos mers et nos cours d'eau.
On n'oubliera pas que les classifications sont des théories scientifiques, ce qui explique les divergences observées entre elles, leurs auteurs n'ayant pas toujours les mêmes conceptions sur la place des différents groupes.

Ordre	*Famille*
Myxiniformes	Myxinidés
Pétromyzoniformes	Pétromyzonidés
Squaliformes	Hexanchidés, Isuridés (ou Lamnidés), Cétorhinidés, Alopiidés, Scyliorhinidés, Triakidés, Carcharhinidés, Sphyrnidés, Oxynotidés, Squalidés, Squatinidés
Rajiformes	Pristidés, Rhinobatidés, Torpédinidés, Rajidés, Dasyatidés, Myliobatidés, Rhinoptéridés, Mobulidés
Chimériformes	Chimaeridés
Acipensériformes	Acipenséridés
Clupéiformes	Clupéidés, Engraulidés, Chirocentridés
Salmoniformes	Argentinidés, Esocidés, Thymallidés, Salmonidés, Gonostomatidés, Sternoptychidés, Stomiatidés, Chauliodontidés, Synodontidés, Chlorophthalmidés, Myctophidés, Paralépididés
Siluriformes	Ictaluridés, Siluridés
Cypriniformes	Cyprinidés, Cobitidés
Anguilliformes	Anguillidés, Muraenidés, Congridés, Ophichthyidés
Athériniformes	Scombérésocidés, Exocœtidés, Athérinidés, Belonidés, Hémirhanphidés
Gadiformes	Gadidés, Moridés, Ophidéidés, Brotulidés, Carapidés, Macrouridés

Classe	*Sous-classe*
Poissons osseux	Actinoptérygiens

Ordre	*Famille*
Syngnathiformes, ou Gastérostéiformes	Macrorhamphosidés, Syngnathidés, Gastérostéidés
Lampridiformes	Lamprididés, Trachyptéridés, Régalécidés
Cyprinodontiformes	Cyprinodontidés, Pœciliidés
Zéiformes	Zéidés, Caproidés
Scorpaeniformes	Scorpaenidés, Triglidés, Cycloptéridés, Agonidés, Cottidés, Péristédiidés
Dactyloptériformes	Dactyloptéridés
Perciformes	Sphyraenidés, Mugilidés, Centracanthidés, Percidés, Serranidés, Pomatomidés, Carangidés, Coryphaenidés, Bramidés, Cépolidés, Pomacentridés, Labridés, Scaridés, Trachinidés, Uranoscopidés, Trichiuridés, Scombridés, Scombéromoridés, Thunnidés, Istiophoridés, Xiphiidés, Luvaridés, Centrolophidés, Stromatéidés, Tétragonuridés, Callionymidés, Ammodytidés, Blenniidés, Clinidés, Éléotrididés, Échénéidés, Sparidés, Sciaenidés, Gobiidés
Pleuronectiformes	Citharidés, Scophthalmidés, Bothidés, Pleuronectidés, Soleidés, Cynoglossidés
Tétraodontiformes	Balistidés, Monacanthidés, Molidés, Tétraodontidés
Gobiésociformes	Gobiésocidés
Lophiiformes	Lophiidés

FICHES

Les poissons décrits ci-après sont classés par grands groupes scientifiques (Ordres) auxquels ils appartiennent (indiqué en haut, sous forme de titre courant). Le nom scientifique (latin) est précisé sous le nom vulgaire de l'animal. Nous avons également mentionné les synonymes les plus courants cités dans les ouvrages spécialisés.

LÉGENDE DES SYMBOLES UTILISÉS

Chair très estimée

Chair assez estimée

Chair médiocre

Dangereux (agressif à l'égard de l'homme ou toxique)

CYCLOSTOMES

LAMPROIE MARINE

Petromyzon marinus L.

Famille des Pétromyzonidés. Les caractères très particuliers des représentants de la classe des Cyclostomes sont décrits aux pages 6 à 8. Assez rare, la Lamproie marine vit en Méditerranée et dans l'océan Atlantique, souvent à de grandes profondeurs. Au printemps et en été, elle remonte les fleuves pour frayer. Elle peut atteindre 1 m de long. Chair assez prisée. Pour plus de détails sur cette Lamproie et sur les espèces d'eau douce, voir page 8.

POISSONS DE MER

Poissons cartilagineux ou Chondrichthyens

Comme nous l'avons vu dans l'introduction (voir page 10-12), les Poissons sont divisés en deux grands groupes systématiques, appelés classes : les Poissons cartilagineux ou Chondrichthyens et les Poissons osseux ou Ostéichthyens. La classe des Poissons cartilagineux comprend deux sous-classes : les Élasmobranches (requins et raies) et les Holocéphales (chimères). Les requins et raies appartiennent eux-mêmes à deux ordres distincts, les Squaliformes et les Rajiformes.

REQUIN-PÈLERIN, PÈLERIN

Cetorhinus maximus Gunn.

Familles des Cétorhinidés. Véritable géant des mers, c'est l'un des plus grands Vertébrés du monde : il peut atteindre 13 m et peser 6 t. Il vit en Méditerranée et dans les océans Atlantique et Pacifique. Pourvu de dents minuscules, il est inoffensif et se nourrit exclusivement de plancton. Sa chair est médiocre.

PETITE ROUSSETTE

Scyliorhinus canicula L.

Famille des Scyliorhinidés. C'est l'une des principales espèces de la famille des roussettes (jadis appelée aussi *Scyllium canicula*). Très commune en Méditerranée et dans l'Atlantique oriental, elle vit sur divers types de fonds, jusqu'à 400 m de profondeur. Elle mesure près de 80 cm de long. Sa chair est comestible, mais peu appréciée. On utilise sa peau en ébénisterie pour les travaux de polissage, et parfois aussi pour confectionner des étuis et des gaines. Très commune également dans nos mers, la Grande Roussette (*Scyliorhinus stellaris* L.) peut atteindre 1 m. Elle se distingue de sa congénère par ses taches, plus grandes et moins nombreuses. Sa chair et sa peau ont les mêmes particularités et les mêmes emplois. Très caractéristiques, les œufs de roussettes sont des capsules cornées quadrangulaires dotées de longs filaments qui les fixent sur d'autres organismes marins après de la ponte. Synonyme : *Scyllium stellare.*

REQUIN GRISET

Hexanchus griseus Bonn., *Notidanus griseus*

Famille des Hexanchidés. Relativement commun, le Requin griset peuple la Méditerranée et l'Atlantique, où il se tient entre 200 et 1 000 m. Il mesure jusqu'à 5 m de long pour 600 kg. Sa chair est bonne. On le reconnaît aisément à ses six paires de fentes branchiales. Son cousin, le Requin perlon (*Heptranchias perlo* Bonn.), est pourvu de sept paires de fentes branchiales et se rencontre rarement en Méditerranée.

GRAND REQUIN BLANC

Carcharodon carcharias L., *C. rondeleti*

Famille des Isuridés (ou Lamnidés). Redoutable prédateur, le Requin blanc est sans conteste le plus dangereux des requins, quoique sa réputation de mangeur d'hommes ait été récemment ramenée à de plus justes proportions. Ce colosse mesure jusqu'à 12 m et pèse plus de 4 t. Rare en Méditerranée, il se rencontre dans les régions tempérées et chaudes de tous les océans. Sa chair n'est pas appréciée.

REQUIN-MARTEAU

Sphyrna zygaena L., *Zygaena malleus*

Famille des Sphyrnidés. Assez rare en Méditerranée, le Requin-marteau fréquente les régions chaudes et tempérées des océans. Dans l'Atlantique, il se rencontre jusqu'à la Grande-Bretagne. Il atteint 4 m de long pour 700 kg. Si sa chair est très recherchée au Japon, on l'apprécie beaucoup moins en Europe.

RENARD DE MER

Alopias vulpinus Bonn., *A. vulpes*

Famille des Alopiidés. Doté d'une très longue queue qui le distingue de tous les autres requins, le Renard de mer mène une existence pélagique, souvent en surface, en Méditerranée et dans tous les océans. Inoffensif pour l'homme, il atteint 6 m de long pour 500 kg. Sa chair est médiocre.

REQUIN-TAUPE, NEZ, LAMIE

Lamna nasus Bonn., *Lamna cornubica*

Famille des Isuridés (ou Lamnidés). Répandu en Méditerranée et dans l'Atlantique Nord, le Requin-taupe mesure 3 à 4 m. Il exhale une odeur nauséabonde, mais sa chair est assez bonne. Redouté des pêcheurs, dont il dévore les poissons; il ne semble pas dangereux pour l'homme.

AIGUILLAT COMMUN

Squalus acanthias L.

Famille des Squalidés. L'Aiguillat commun (autrefois dénommé aussi *Acanthias vulgaris*) vit en Méditerranée, dans l'Atlantique et le Pacifique, souvent en eaux profondes et quelquefois près des plages. Ovovivipare, il mesure plus d'un mètre de long et sa chair est bonne, voire excellente pour certains amateurs. Il doit son nom à l'aiguillon qu'il possède au bord antérieur de chaque nageoire dorsale.

Parmi les espèces apparentées, signalons l'Aiguillat galludo (*Squalus blainvillei*), qui se distingue par l'épine de sa deuxième dorsale, aussi haute ou plus haute que la nageoire. Benthique de 50 à 700 m, il est également assez répandu en Méditerranée, dans l'Atlantique et dans les mers australes.

Également très communes et dotées d'une chair savoureuse, surtout en hiver, les émissoles sont aussi de vrais requins, qui appartiennent à la famille des Triakidés. Ces derniers se distinguent aisément des Squalidés, car ils possèdent une nageoire anale et n'ont pas d'épines devant les nageoires dorsales. Hormis ces différences, les aiguillats et les émissoles ont une morphologie assez semblable.

L'Émissole lisse ou Chien de mer (*Mustelus mustelus* L.) a un corps gris, parfois tacheté de noir, et mesure jusqu'à 1,60 m. C'est un vrai vivipare, qui vit en Méditerranée et dans l'Atlantique oriental.

Ovovivipare et un peu plus longue que sa congénère, l'Émissole tachetée (*Mustelus asterias* Cloquet) s'en distingue surtout par sa couleur, grisâtre tacheté de blanc. Sa distribution géographique est la même.

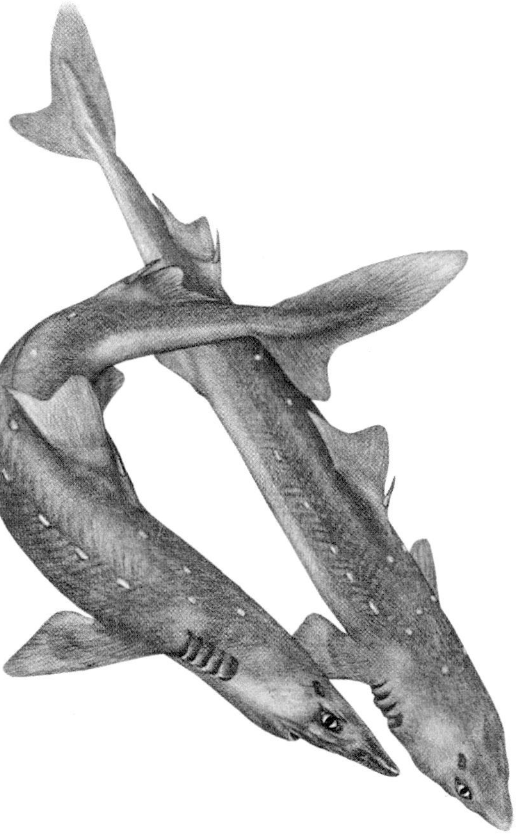

ANGE DE MER COMMUN

Squatina squatina L., *Squatina angelus*

Famille des Squatinidés. Par son aspect, c'est le Squale qui s'apparente le plus à une Raie. Répandu en Méditerranée et dans l'Atlantique oriental, il atteint 2 m de long et 80 kg. Comestible, sa chair n'est cependant guère appréciée.

REQUIN FÉROCE

Odontaspis ferox Risso

Famille des Carchariidés. Assez rare, le Requin féroce vit dans les eaux profondes de la Méditerranée et dans l'Atlantique. Il peut atteindre 4 m et peser 300 kg. Très vorace, il n'est toutefois pas dangereux pour l'homme.

REQUIN BLEU, PEAU-BLEUE

Prionace glauca L., *Carcharias glaucus*

Famille des Carcharhinidés. Il fréquente les régions tempérées et tropicales de tous les océans et se rencontre aussi en Méditerranée. Comestible, sa chair est cependant peu appréciée. Sa peau est employée dans les travaux de ponçage et de polissage. Il peut s'attaquer à l'homme. Taille : de 4 à 6 m.

DIABLE DE MER, MANTE

Mobula mobular Bonn., *Cephaloptera giornae*

Famille des Mobulidés. Ce spectaculaire géant des mers peut atteindre 5 m de long sur 5 m de large, et peser jusqu'à 900 kg. Il peuple l'Atlantique tropical, jusqu'au Portugal, et la Méditerranée, où il est beaucoup moins répandu. Réputée coriace et peu savoureuse, sa chair est cependant appréciée par certains.

AIGLE DE MER, MOURINE

Myliobatis aquila L.

Famille des Myliobatidés. Il vit entre 100 et 300 m de profondeur sur les fonds sablovaseux de la Méditerranée et de l'Atlantique. Chair molle, très médiocre. Taille : 1,50 m.

POISSON SCIE

Pristis pristis L., *P. antiquorum*

Famille des Pristidés. Très rare en Méditerranée, il se rencontre dans les mers tropicales et subtropicales. Sa chair n'est pas consommée. Taille : 4,5 m.

RAIE MIROIR
RAIE BOUCLÉE

Raja miraletus L.
Raja clavata L.

Famille des Rajidés. La Raie miroir (représentée à gauche) mesure 40 à 60 cm. Elle vit sur les fonds vaseux et sablonneux de la Méditerranée et de l'Atlantique oriental, où elle est commune entre 10 et 100 m de profondeur. Sa chair est médiocre.
Un peu plus grande (1 m environ), la Raie bouclée (à droite) ressemble à la précédente par sa distribution, ses mœurs et sa valeur alimentaire. De nombreuses autres espèces de raies vivent dans nos mers.

GUITARE COMMUNE, VIOLON DE MER

Rhinobatos rhinobatos L.

Famille des Rhinobatidés. Elle vit en Méditerranée et dans l'Atlantique, souvent en profondeur, mais elle s'approche des côtes au printemps. Taille : 1 m et plus. Sa chair est réputée moyenne ou médiocre.

TORPILLE OCELLÉE

Torpedo torpedo L.

Famille des Torpédinidés. Appelées aussi raies électriques, les torpilles disposent d'une arme redoutable pour paralyser leurs proies ou se défendre : elles infligent à leurs ennemis des secousses électriques dont l'effet est très désagréable, quoique sans grand danger pour l'homme. À cet effet, elles sont dotées de deux grands organes électrogènes, d'origine musculaire, situés de part et d'autre du tronc, qui agissent comme des « électroplaques ». Répandue en Méditerranée et dans l'Atlantique oriental, la Torpille ocellée vit sur les fonds sablovaseux, entre 10 et 100 m de profondeur. Elle mesure jusqu'à 60 cm ; sa chair n'est pas consommée. Outre l'espèce représentée (appelée aussi *Torpedo narke*, *T. ocellata* et *T. oculata*), qui est la plus commune et la plus connue, on trouve aussi la Torpille marbrée (*Torpedo marmorata*, Risso) et la Torpille noire (*T. nobiliana*, Bp.), qui ont la même distribution géographique.

PASTENAGUE COMMUNE

Dasyatis pastinaca L., *Trygon pastinaca*

Famille des Dasyatidés. Dotée d'un redoutable aiguillon caudal venimeux, la Pastenague commune peut infliger des blessures très douloureuses. Vivipare, elle vit sur les fonds sablovaseux, à faible profondeur, en Méditerranée et dans l'Atlantique. Taille : jusqu'à 2 m. Chair coriace, très médiocre.

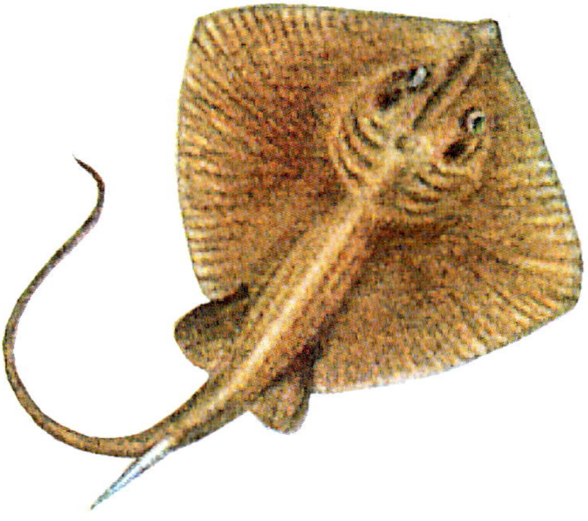

CHIMÈRE COMMUNE, RAT DE MER

Chimaera monstrosa L.

Famille des Chimaeridés. Comptant parmi les poissons cartilagineux les plus curieux, les chimères appartiennent à la petite sous-classe des Holocéphales (voir page 11). Cette famille comprend un seul genre et trois espèces, qui vivent dans les mers européennes. La Chimère commune est la seule espèce qui se rencontre aussi en Méditerranée, où elle est relativement commune vers 300 à 500 m de profondeur. Sa chair n'est pas consommée. Le mâle, représenté ci-dessous, porte une corne frontale mobile recourbée vers l'avant. Taille : 1 m.

Poissons osseux ou Ostéichthyens

Comme nous l'avons vu plus haut (voir Introduction, page 11), la majorité des espèces de poissons de mer et d'eau douce appartiennent à la classe des poissons osseux ou Ostéichthyens. Celle-ci se divise en deux sous-classes, les Actinoptérygiens et les Sarcoptérygiens, ces derniers n'étant pas représentés dans la faune européenne.

Très vaste, la sous-classe des Actinoptérygiens comprend un grand nombre d'ordres et de familles : nous ne décrirons ici que ceux qui regroupent les espèces les plus connues de nos régions ou qui présentent un intérêt particulier pour diverses raisons.

Nous ouvrirons ce chapitre avec l'ordre des Clupéiformes, très important, dont l'espèce la plus remarquable sur le plan économique est le Hareng (voir page 52). Non représenté sur les illustrations, le Sprat est une espèce apparentée (*Spratus spratus*) qui ne dépasse pas 15 cm. Il vit en Méditerranée et au nord-est de l'Atlantique, où il abonde le long de certaines côtes. Sa chair est bonne. Synonymes : Blanquette, Anchois de Norvège. Relativement sporadique en Méditerranée et dans l'Atlantique tropical, la Sardinelle ou Allache (*Sardinella aurita* Val.) est aussi une espèce prisée, pouvant atteindre 30 cm. On apprécie également pour leur chair l'Alose feinte (*Alosa fallax fallax* Lacep.), commune dans l'Atlantique et l'Alose du Rhône (*Alosa fallax nilotica* Geoffr.), plus répandue en Méditerranée. À l'époque de la fraie, ces aloses remontent les fleuves pour se reproduire en eau douce. Elles mesurent 50 à 55 cm.

ANCHOIS

Engraulis encrasicholus L.

Famille des Engraulidés. Grégaire, l'Anchois vit en bancs immenses sur les fonds marins de la Méditerranée et de l'Atlantique oriental. À l'époque de la fraie, en été, il remonte près de la surface et se rapproche des côtes pour déposer des milliers d'œufs (jusqu'à 40 000 par femelle). Son abondance et la qualité de sa chair en font un poisson de grande valeur économique. Il mesure 14 cm en moyenne, mais peut atteindre 20 cm. Il se distingue du Hareng et de la Sardine par sa mâchoire supérieure nettement plus avancée que sa mandibule et par son corps plus fin.

HACHE D'ARGENT

Argyropelecus hemigymnus Cocco

Famille des Sternoptychidés. Le sujet représenté ci-dessous appartient à l'une des trois grandes familles de poissons dits bathypélagiques, qui fréquentent les profondeurs moyennes des mers et des océans, et sont souvent dotés de photophores produisant une lumière plus ou moins intense, de couleur variable. Lorsque la nuit tombe, les haches d'argent remontent vers la surface pour chasser, puis redescendent en profondeur pour la journée. Au cours de ces migrations verticales, bien connues des spécialistes, ces petits poissons qui ne dépassent pas 5-6 cm sont parfois rejetés sur les plages sous la violence des vagues. La Hache d'argent doit son nom à sa forme et à sa coloration argentée. C'est une espèce répandue en Méditerranée et dans les océans Atlantique et Indien, entre 500 et 600 m de profondeur.

HARENG

Clupea harengus L.

Famille des Clupéidés. Poisson de grande valeur économique, le Hareng fait l'objet d'une pêche intensive : en Europe, plus d'un million de tonnes de harengs, frais ou en conserve, sont introduites chaque année sur le marché. Il vit dans l'Atlantique Nord, l'océan Glacial Arctique, la mer Blanche, la mer Baltique et se rencontre sur les côtes françaises. À l'époque de la fraie, variable selon les régions, les harengs remontent des eaux profondes vers la surface et se regroupent en bancs immenses pour se reproduire : la femelle dépose jusqu'à 50 000 œufs. Taille : 20 à 30 cm.

CHAULIODUS SLOANI

Chauliodus sloani Schneider

Famille des Chauliodontidés. Ce poisson se rencontre en Méditerranée et dans les océans Atlantique et Indien, où il est assez commun entre 300 et 3000 m de profondeur. Il mesure jusqu'à 30 cm et n'a aucune valeur commerciale. C'est un représentant caractéristique de l'ichtyofaune abyssale : il est doté d'un corps mince et allongé, garni de photophores émettant une faible lueur, et sa grande bouche renferme des dents pointues, très longues, qui dépassent de la tête (en grec, le nom de ce genre signifie « dents saillantes »). Parmi les espèces apparentées aux Chauliodontidés, on trouve les Stomiatidés dont une espèce, *Stomias boa* (Risso), est présente dans nos mers ; elle ressemble beaucoup à *Chauliodus sloani* dont elle se distingue toutefois aisément par son barbillon mentonnier.

ANCHOIS DE FOND

Maurolicus muelleri Gmelin

Famille des Gonostomatidés. Cosmopolite, ce poisson de 6-7 cm de long se rencontre communément à une profondeur de 100 à 400 m. À l'instar de la Hache d'argent, c'est un poisson bathypélagique, pourvu de photophores.

SARDINE D'EUROPE, PILCHARD

Sardina pilchardus Walb.

Famille des Clupéidés. Abondante en Méditerranée et dans l'Atlantique, notamment dans le détroit de Gibraltar, à proximité de Madère et des Canaries, la Sardine est réputée pour sa chair tendre et savoureuse. Grégaire, ce joli poisson argenté est une des espèces les plus importantes pour la pêche. S'il vit la plupart du temps en pleine mer, dans les profondeurs, il remonte près de la surface et s'approche des côtes en hiver, à l'époque de la fraie. Une seule femelle peut déposer jusqu'à 60 000 œufs flottants. La Sardine a sensiblement la même taille que l'Anchois dont elle se différencie principalement par ses deux mâchoires de même longueur. Synonyme : *Arengus minor*. Les larves de la Sardine portent le nom vulgaire de Nonnat, Palaille ou Poutine.

POISSON LANTERNE

Electrona rissoi Cocco

Famille des Myctophidés. Ce Poisson lanterne mesure 7 cm ; il occupe la même aire de distribution que la Hache d'argent et vit à la même profondeur. De nombreuses espèces du genre apparenté *Myctophum* fréquentent la Méditerranée, dont la plus commune est *Myctophum punctatum* Raf., légèrement plus grande.

POISSON SERPENT

Aptericbrbus caecus L., *Caecula caeca* L.

Famille des Ophichthyidés. Ce Poisson serpent vit en Méditerranée, sur les fonds meubles, vers 100 m de profondeur. Espèce rare, sans valeur alimentaire. Taille : jusqu'à 50 cm.

CONGRE

Conger conger L.

Famille des Congridés. Le Congre ressemble à la Murène, dont il se distingue toutefois par sa mandibule un peu plus courte que sa mâchoire supérieure et par sa couleur unie et non marbrée. Commun en Méditerranée et dans l'Atlantique, il se plaît le long des côtes rocheuses, ainsi que sur les fonds rocheux ou sableux, jusqu'à plusieurs centaines de mètres de profondeur. Apprécié pour sa chair, il peut atteindre 2 m de long.

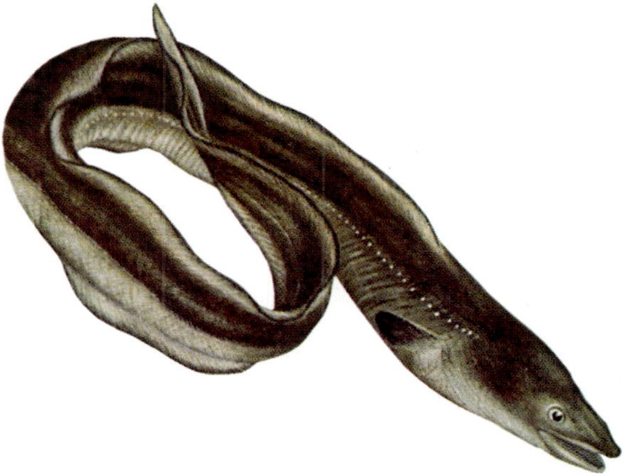

MURÈNE

Muraena helena L.

Famille des Muraenidés. Bien connue pour la crainte qu'inspire sa morsure venimeuse, la Murène a donné naissance à de nombreuses légendes, dont beaucoup ne correspondent pas du tout à la réalité. Par exemple, la croyance populaire selon laquelle les Romains avaient coutume de nourrir les murènes (qu'ils élevaient dans des bassins clos) avec des esclaves rebelles; ou encore leur réputation d'agressivité à l'égard des nageurs. Répandue en Méditerranée et dans l'Atlantique, elle fréquente les fonds rocheux ou détritiques peu profonds. Si les chasseurs sous-marins assez expérimentés n'ont pas de mal à la harponner, ils la gardent néanmoins à bonne distance pour éviter sa morsure, qui inflige une douleur persistante. La Murène se déplace par des mouvements lents et sinueux, en particulier dans les anfractuosités rocheuses du littoral qu'elle affectionne. Elle mesure 60 à 70 cm (exceptionnellement 1,50 m). Sa chair est très prisée.

ORPHIE COMMUNE

Belone belone L.

Famille des Belonidés. Répandue en Méditerranée et dans l'Atlantique oriental, l'Orphie commune vit en grands bancs. Elle mesure entre 40 et 70 cm. Ses os sont verdâtres et sa chair est prisée. Synonymes : *Belone acus, B. Vulgaris.*

POISSON VOLANT

Cypselurus heterurus Raf., *Cheilapogon h.* Raf.

Famille des Exocœtidés. Commune dans le sud de la Méditerranée et dans l'Atlantique, cette espèce est pélagique : elle vit en pleine mer, loin des côtes. Sa chair est assez bonne, tout comme celle de l'espèce apparentée *Hirundichthys rondeleti* (Val.), ou *Cypselurus rondeleti* (Val.), qui fréquente également la Méditerranée et l'Atlantique. Taille : 40 cm.
Cette famille de poissons doit sa notoriété à sa capacité de « voler », qui a toujours frappé l'imagination des marins. Pour atteindre la vitesse nécessaire au vol plané, le Poisson volant accélère sous l'eau en maintenant ses grandes pectorales plaquées contre son corps ; puis il s'approche de la surface et déploie brusquement ses pectorales, ou « ailes » antérieures, en sortant à moitié de l'eau, tandis que le lobe inférieur allongé de la caudale continue de battre très vite dans l'eau, ce qui lui permet d'atteindre une vitesse de 55 à 60 km/h. Ensuite, le poisson déploie dans l'air ses nageoires pelviennes, ou « ailes » postérieures, parvenant ainsi, sous l'effet de la poussée, à se propulser complètement hors de l'eau. Il effectue alors un vol plané, à environ un mètre de la surface, ses nageoires déployées se limitant à un effet de sustentation, sans battre dans l'air. Ce « vol » peut durer plus de 10 secondes et couvrir une distance de 100 m, la vitesse acquise par le poisson étant d'environ 70 km/h. Cette remarquable aptitude pourrait lui valoir l'appellation de « sous-marin volant », une machine que la technique humaine n'a pas encore mise au point, mais qui existe dans la nature depuis la nuit des temps.
Cette famille comprend également le célèbre Exocet ou Hirondelle de mer (*Exocoetus volitans* L.), dont la technique de « vol » est légèrement différente.

SAUCLET, SOUCLET

Atherina hepsetus L.

Famille des Athérinidés. Appelé aussi Soufflet ou Cabassoun, ce petit poisson de 15 cm peuple la Méditerranée et une partie de l'Atlantique (Madère, Canaries). Il vit en bancs près des fonds vaseux ou sableux du littoral. Sa chair a une valeur culinaire médiocre. Cette famille de poissons comprend aussi le Joel (*Atherina boyeri* Risso), également appelé *Atherina mochon* Cuv., répandu en Méditerranée et dans l'Atlantique oriental.
Contrairement au Sauclet qui n'habite que la mer, le Joel se rencontre aussi en eau douce, dans les lacs et les

rivières d'Europe méridionale. Il fraie aussi bien dans la mer qu'en eau douce. Dans l'ouest de la Méditerranée et sur les côtes orientales de l'Atlantique, on trouve aussi le Petit Prêtre (*Atherina presbyter* Cuv.), apprécié pour sa valeur culinaire.

ÉGLEFIN, AIGLEFIN, HADDOCK

Melanogrammus aeglefinus L.

Famille des Gadidés. Commun dans l'Atlantique, entre 40 et 200 m de profondeur, l'Églefin affectionne les fonds sablonneux. C'est un poisson de table très prisé. Taille : 1 m. Synonyme : *Gadus aeglefinus* L.

MERLAN

Merlangius merlangus L.

Famille des Gadidés. Répandu dans le nord-est de l'Atlantique, il est plus rare en Méditerranée ; il vit dans les eaux côtières, entre 30 et 200 m de profondeur. Taille : jusqu'à 70 cm. Sa chair est recherchée. Synonyme : *Merlangus vulgaris*.

MORUE, CABILLAUD

Gadus morhua L., *G. callarias*

Famille des Gadidés. Ressource essentielle de l'économie humaine, la Morue constitue un véritable patrimoine pour les populations côtières de l'Europe et de l'Amérique du Nord. On la pêche notamment dans les régions de l'Islande et de Terre-Neuve, où d'innombrables flottilles de chalutiers se rassemblent en hiver. Pouvant atteindre 1,50 m pour 40 kg, elle vit dans le nord de l'Atlantique. Destinée en partie à être consommée fraîche ou congelée, la Morue est aussi vendue séchée (entière), ou bien séchée et salée. L'huile de foie de Morue est riche en vitamines.

CAPELAN

Trisopterus minutus L.

Famille des Gadidés. Appelé aussi Petit Tacaud, le Capelan est un poisson méditerranéen benthique qui se rencontre jusqu'à 400 m de profondeur. Mesurant entre 15 et 40 cm, c'est un poisson de table apprécié. Le Tacaud (*Trisopterus luscus* L.) peuple l'Atlantique.

MOTELLE DE MÉDITERRANÉE

Gaidropsarus mediterraneus L.

Famille des Gadidés. Commune en Méditerranée et dans l'ouest de l'Atlantique Nord, elle se rencontre sur les fonds rocheux avec végétation, jusqu'à 100 m de profondeur. C'est un poisson de table recherché, tout comme la Motelle commune (*Gaidropsarus vulgaris, Onos tricirratus*). Taille : 60 cm.

MERLU

Merluccius merluccius L.

Famille des Gadidés. Très répandu en Méditerranée et dans l'Atlantique oriental, des Canaries à la Norvège, le Merlu se rencontre à des profondeurs variables selon son âge et les saisons (en général, les jeunes peuplent les eaux peu profondes, tandis que les sujets plus âgés se tiennent dans les hauts fonds). Taille : il atteint 1 m. Chair très prisée.

MOUSTELLE BLANCHE

Phycis blennoides Brünn.

Famille des Gadidés. Appelée aussi Moustella, la Moustelle blanche vit en Méditerranée et dans le nord-est de l'Atlantique, entre 100 et 400 m de profondeur. Elle est assez commune et sa chair est fine. Taille : jusqu'à 1,10 m. Synonyme : *Morrhua blennoides*. Parmi les espèces apparentées, on mentionnera la Moustelle brune (*Phycis phycis* L.) qui s'en distingue aisément car le rayon le plus allongé de ses nageoires pelviennes atteint à peine la nageoire anale, tandis que les rayons de la première dorsale ne sont pas plus longs que ceux de la deuxième. Synonyme : *Phycis mediterraneus*. Deux autres espèces de Gadidés peuplent la Méditerranée et l'Atlantique oriental : le Lieu jaune (*Pollachius pollachius* L.) et le Colin ou Lieu noir (*Pollachius virens* L.). Tous sont des poissons de table appréciés.

MERLAN BLEU

Micromesistius poutassou Risso

Famille des Gadidés. Appelé aussi Poutassou, il vit en Méditerranée et dans le nord-est de l'Atlantique, entre 80 et 300 m de profondeur. Il mesure environ 45 cm et sa chair est prisée. On a longtemps cru cette espèce assez rare en Méditerranée, jusqu'à ce que la pêche aux chaluts de fond révèle son abondance dans les eaux assez profondes. Synonymes : *Gadus poutassou*, *Merlangus poutassou*.

GRENADIER, RAT

Trachyrhynchus scabrus Raf.

Famille des Macrouridés. Tous les représentants de cette famille de Gadiformes sont appelés communément grenadiers ou rats, en raison de la forme de leur corps, trapu sur l'avant, effilé et terminé en pointe sur l'arrière.
La plupart des grenadiers vivent en eaux profondes. Mesurant jusqu'à 45 cm, *Trachyrhynchus scabrus* se rencontre en Méditerranée et dans l'Atlantique oriental, où il est assez fréquent entre 200 et 1500 m. Les grenadiers n'ont aucune valeur commerciale. Synonyme: *Trachyrhynchus trachyrhynchus* (Risso).

HIPPOCAMPE MOUCHETÉ

Hippocampus guttulatus Cuv.,
Hippocampus ramulosus Leach.

Famille des Syngnathidés. Cet Hippocampe affectionne les herbiers de posidonies, où il fait preuve d'une homochromie assez prononcée: sa livrée se fond dans la teinte rougeâtre des tiges ou dans les feuilles verdâtres des plantes. Ce poisson se distingue par sa tête de cheval caractéristique, formant un angle droit avec son corps allongé, qui se termine par une longue queue incurvée. Taille: 15 cm. L'Hippocampe brevirostre (*H. hippocampus* L.) appartient à la même famille. Chair non comestible.

Nérophis ophidion, Vipère de mer

Nerophis ophidion L.

Famille des Syngnathidés. Dans les filets de pêche, notamment dans les chaluts qui travaillent dans les herbiers de zostères, on observe souvent de curieux petits poissons au corps rubané, recouvert d'un tégument dur constitué de petites plaques osseuses plus ou moins polygonales. En examinant ces animaux de plus près, on constate qu'ils présentent un museau tubiforme, terminé par une petite bouche édentée et que le dessous de leur abdomen comporte très souvent une poche cutanée; cette poche est ouverte par une fente longitudinale à travers laquelle on distingue des amas de corpuscules sphériques: les œufs. Dans ce cas, il s'agit d'un sujet mâle. Chez les espèces de cette famille, c'est en effet le mâle qui porte les œufs pondus par la femelle dans une poche incubatrice, puis «met au monde» ses petits au terme de la gestation. Plus d'une dizaine d'espèces de ces vipères, ou aiguilles de mer, peuplent nos mers: parmi les plus communes, on trouve le Nérophis ophidion (dépourvu de poche), qui habite aussi bien la Méditerranée que le nord-est de l'Atlantique (taille: 25 cm), ainsi que la Grande Aiguille de mer (*Syngnathus acus* L.). Ces poissons ne sont pas comestibles.

Régalec, Roi des Harengs

Regalecus glesne Asc.

Famille des Régalécidés. Appelé aussi *Regalecus gladius* en raison de la forme allongée et rubanée de son corps, rappelant celle d'une épée (voir planche page 73, en bas), le Régalec se rencontre en Méditerranée, où il est très rare, ainsi que dans tous les océans. Il mesure jusqu'à 10 m. Poisson bathypélagique, il vit dans les grands fonds, au large. Néanmoins, après les tempêtes, on retrouve parfois des sujets échoués sur la grève, où ils ont été rejetés par la violence des vagues. Sa chair n'est pas comestible.
La famille des Lamprididés, qui appartient au même ordre, comprend le Lampris royal ou Lampris lune (*Lampris guttatus* Brün., *Lampris regius* Bonn.), doté d'un corps ovale, comprimé latéralement. Sa distribution géographique est vaste, mais on le rencontre assez rarement en Méditerranée.

Trachyptère

Trachypterus trachypterus Gm.

Famille des Trachyptéridés. Appelé aussi Argentin ou Poisson ruban (voir planche page 73, en haut), le Trachyptère est une espèce peu commune qui vit dans les eaux profondes de la Méditerranée et de l'Atlantique oriental. Long de 3 m, c'est un poisson de table apprécié. Synonymes: *T. taenia* et *T. iris*. Cette famille comprend aussi le Gros Argentin (*Trachypterus arcticus*), relativement commun dans l'Atlantique jusqu'à l'Islande, ainsi que *Trachypterus* *cristatus* Bonn., qui se distingue par la hauteur exceptionnelle des six ou sept premiers rayons de sa nageoire dorsale, dont certains sont plus longs que son corps. Synonyme : *T. bonellii.*

SAINT-PIERRE, DORÉE

Zeus faber L.

Famille des Zéidés. Commun jusqu'à plus de 100 m de profondeur sur les fonds sablonneux et vaseux de la Méditerranée et de l'Atlantique oriental, il mesure jusqu'à 70 cm. Sa chair est très prisée.

GRONDIN PERLON

Trigla lucerna L.

Famille des Triglidés. Appelé aussi Trigle hirondelle, le Grondin perlon vit en Méditerranée et dans l'Atlantique oriental, sur les fonds sablovaseux ou rocheux, en eaux profondes. C'est un poisson commun, mesurant entre 30 et 65 cm, dont la chair est médiocre. Dans cette famille, on trouve aussi le Grondin lyre (*Trigla lyra* L.), qui arbore une livrée rouge vif, et dont les nageoires paires et la première dorsale sont bordées de bleu. Il atteint 60 cm et n'a pas de valeur culinaire. D'autres espèces de grondins peuplent nos mers.

MALARMAT

Peristedion cataphractum L.

Famille des Péristédiidés. Souvent confondus avec les Triglidés, les Péristédiidés s'en distinguent par leur corps totalement recouvert de grandes écailles carénées pourvues d'une épine, et leur museau aigu terminé par un rostre fourchu. Le Malarmat est le principal représentant de cette curieuse famille. Il vit dans les eaux profondes de la Méditerranée et de l'Atlantique oriental, sur des fonds vaseux, et remonte près de la surface à l'époque de la fraie. Il est assez commun, et sa chair est diversement appréciée : médiocre pour certains, elle est excellente pour d'autres. Taille : 30 cm.

RASCASSE ROUGE
Scorpaena scrofa L.

Famille des Scorpaenidés. Commune en Méditerranée et dans l'Atlantique oriental, elle vit sur les fonds vaseux, jusqu'à 400 m de profondeur. Elle entre souvent dans la composition de la bouillabaisse. Taille : 50 cm.
Plus petite (30 cm), la Rascasse brune (*Scorpaena porcus* L.) vit sur les fonds rocheux. Sa chair est comparable à celle de l'espèce précédente. Les rascasses portent des aiguillons venimeux.

GRONDIN VOLANT
Dactylopterus volitans L.

Famille des Dactyloptéridés (ou Céphalacanthidés). Appelé aussi Hirondelle, ce poisson peuple la Méditerranée et l'Atlantique. Assez commun, il fréquente les fonds sableux et vaseux, à quelques dizaines de mètres de profondeur, ainsi que les prairies de posidonies. Taille : 50 cm. Chair peu appréciée. On a cru qu'en période de reproduction, les grondins volants se regroupaient en bancs près de la surface et bondissaient parfois hors de l'eau ; leurs pectorales très développées leur permettaient alors de « voler » sur de courtes distances, sans toutefois atteindre les performances des Exocœtidés. En réalité, les grondins volants sont incapables de voler, car il s'agit de poissons de fond. On a émis l'hypothèse selon laquelle il déploierait ses immenses nageoires pectorales pour effrayer ses adversaires. Lorsqu'on vient de le capturer, il émet des grognements caractéristiques.

BAVEUSE PAPILLON

Blennius ocellaris L.

Famille des Blenniidés. Appelée aussi Blennie papillon ou Blennie ocellée, elle est très répandue en Méditerranée et dans l'Atlantique oriental, où elle affectionne les fonds vaseux et rocheux couverts d'algues. Taille : 20 cm. Chair médiocre. De nombreuses autres espèces de ce genre vivent le long de nos côtes, comme la Blennie rayée ou Perce-pierre (*Blennius gattorugine* Brünn.), qui se plaît dans les anfractuosités rocheuses ; mesurant 25 cm, elle se distingue aisément de la Baveuse papillon par sa nageoire dorsale d'une taille uniforme et dépourvue de tache sombre, ainsi que par sa livrée brun-roux zébrée de bandes verticales sombres. La Blennie trigloïde (*Blennius trigloides* Val.) et la Blennie tentaculée (*Blennius tentacularis* Brünn.) sont, la première commune, la seconde peu fréquente en Méditerranée.

BOGUE

Boops boops L.

Famille des Sparidés. Très commune en Méditerranée et dans l'Atlantique oriental, elle vit surtout sur les fonds rocheux et dans les herbiers de zostères. Mesurant entre 20 et 40 cm, elle se nourrit d'algues qu'elle coupe avec ses dents de devant, semblables à des incisives. Sa chair est assez bonne, et les jeunes bogues entrent souvent dans la composition des fritures de poissons. Synonymes : *Box vulgaris*, *Box boops*. La Saupe (*Boops salpa* L.), non représentée ici, fréquente les mêmes fonds côtiers peu profonds. De forme elliptique, elle a des flancs argentés traversés d'une dizaine de lignes longitudinales dorées ; elle mesure entre 20 et 40 cm et pèse 1,5 kg. Sa chair, molle et filandreuse, est peu estimée.

DORADE GRISE, CANTRE

Spondyliosoma cantharus L.

Famille des Sparidés. Espèce côtière, elle vit sur les fonds sableux, rocheux ou dans les herbiers, où elle est commune. C'est un poisson de table estimé. Taille : entre 30 et 50 cm. Synonymes : *Cantharus lineatus, C. griseus, C. orbicularis, C. brama.*

PETITE CASTAGNOLE

Chromis chromis L.

Famille des Pomacentridés. Ne dépassant pas 12 cm, la Petite Castagnole est très répandue sur les fonds rocheux peu profonds, où elle mène une existence grégaire. Sur les côtes méditerranéennes, elle se déplace souvent en bancs parmi les rochers. Ce poisson se rencontre également dans l'Atlantique oriental, de l'Angola au Portugal. Comestible, il n'est cependant pas consommé car sa chair n'est pas bonne. Il est moins souvent capturé dans les filets, depuis que l'on a réduit l'usage de certaines techniques de pêche destinées à attraper les multiples poissons côtiers.

CÉPOLE

Cepola rubescens L.

Famille des Cépolidés. Appelée aussi Jarretière ou Demoiselle, elle habite dans l'Atlantique tropical, où elle est assez rare, et dans la Méditerranée, où elle est commune. Elle affectionne les fonds vaseux. Taille: entre 30 et 50 cm. Chair médiocre.

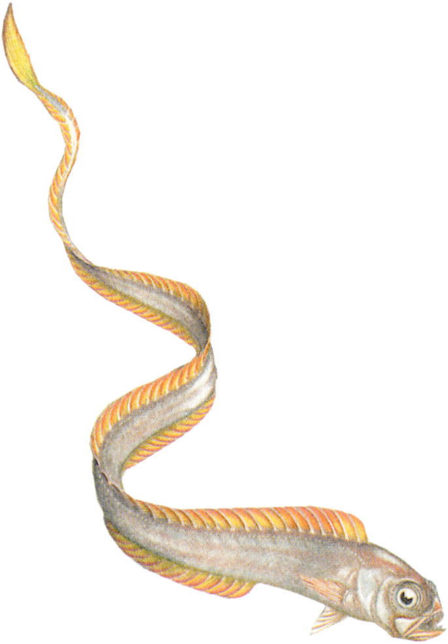

Cernier brun

Polyprion americanus Schneider

Famille des Serranidés. Excellent poisson de table, il peuple les régions littorales de la Méditerranée et de l'Atlantique, où il se plaît en eaux profondes. Il s'approche des côtes pour se reproduire. De couleur brunâtre, il atteint 2 m pour 50 kg. On l'appelle aussi Mérou des Basques. Synonyme : *P. cernium*.

MÉROU NOIR, SERRAN GÉANT

Epinephelus guaza L.

Famille des Serranidés. Appelé aussi Mérou des Provençaux, il vit sur les fonds rocheux ou dans les herbiers de la Méditerranée et de l'Atlantique. Jadis assez commun sur les côtes méditerranéennes de l'Europe, il s'est beaucoup raréfié dans les sites les plus fréquentés par les plongeurs sous-marins en raison de la « chasse » aberrante dont il fait l'objet. Pouvant atteindre 1,30 m et peser 65 kg, ce poisson est en effet très prisé pour son excellente chair. Synonymes : *Epinephelus nigritus, Serranus gigas.*

GRANDE CORYPHÈNE

Coryphaena hippurus L.

Famille des Coryphaenidés. Répandu dans tous les océans et dans toutes les mers tropicales et tempérées, ce poisson vit généralement en bancs, près de la surface, en haute mer. Remarquable nageur, c'est sans doute le plus rapide de tous les poissons de mer : il est capable de nager à la vitesse à laquelle « volent » les Exocœtidés (poissons volants), dont il est très friand. Sa chair est excellente.

CORB NOIR

Corvina nigra Bloch

Famille des Sciaenidés. Le Corb noir est une espèce commune en Méditerranée et dans l'Atlantique, du Maroc au Portugal. Il vit à faible profondeur au-dessus des rochers, souvent aussi dans les prairies de zostères. Sa chair est estimée. Taille : il atteint 75 cm. Synonyme : *Sciaena umbra*. Cette famille comprend aussi le Maigre (*Johnius hololepidotus* Lac., ou *Sciaena aquila*), non représenté ici, dont la forme ressemble à celle du Corb noir. Il s'en distingue toutefois par la coloration gris argenté à reflets brunâtres de ses flancs et par ses nageoires brun rougeâtre. Il mesure jusqu'à 2 m et atteint 90 kg. Sa chair est délicieuse.

DENTÉ COMMUN

Dentex dentex L., *D. vulgaris* Cuv.

Famille des Sparidés. Assez courant en Méditerranée, le Denté commun se rencontre aussi dans l'Atlantique oriental, où il fréquente les prairies des fonds marins. Il atteint 1 m pour 12 kg. Sa chair est très recherchée.

Girelle commune

Coris julis L.

Famille des Labridés. Très répandue en Méditerranée et dans l'Atlantique oriental, la Girelle commune habite les fonds rocheux côtiers et les prairies de posidonies. Si elle se distingue par sa remarquable livrée colorée, elle ne fait pas le régal des gourmets. Taille : 25 cm.

Dorade commune, Dorade rose

Pagellus centrodontus Delar.

Famille des Sparidés. Espèce largement pêchée et consommée, la Dorade commune vit sur les fonds meubles de l'Atlantique tropical, jusqu'à 300 m de profondeur. Elle est moins commune en Méditerranée.

AURIN MÉDITERRANÉEN

Carapus acus Brünn.

Famille des Carapidés. Les aurins ou fierasfers ont un comportement extraordinaire chez les poissons : ils s'introduisent et séjournent dans l'intestin des holothuries (concombres de mer) en pénétrant par l'anus, tête ou queue en avant. La morphologie de ces poissons est parfaitement adaptée à ce comportement appelé inquilinisme : dépourvus d'écailles, ils possèdent un corps très allongé, comprimé, terminé en fouet, et des nageoires basses sans aiguillons ni rayons durs. L'espèce *Carapus acus* vit en

Méditerranée et dans l'Atlantique oriental, sur les fonds vaseux du plateau continental, où elle se nourrit de minuscules crustacés. Quand il est rassasié, l'Aurin cherche un Concombre de mer à son goût, puis introduit sa queue effilée dans l'anus de son hôte et entre à reculons dans sa cavité viscérale, en ne laissant dépasser à l'extérieur que sa tête. Il arrive que plusieurs aurins se partagent le même «habitacle», sans que le Concombre de mer semble en souffrir. Ces poissons n'ont pas d'importance économique.
Synonymes : *Fierasfer acus, F. imberbis.*
En Méditerranée, on rencontre une autre espèce d'Aurin, *Carapus dentatus* (Cuv.), qui possède le même mode de vie.
Le long des côtes atlantiques américaines, on trouve une autre espèce de ce genre qui, elle, trouve refuge dans les Bivalves : elle pénètre dans la coquille des huîtres et va s'enrouler autour des branchies, où l'eau subit un brassage continu. On observe que l'Huître ne réagit pas quand l'Aurin se tient près des branchies ; en revanche, s'il vient se placer entre le manteau et la coquille, elle le tue et sécrète une substance calcaire dont elle le recouvre.

DONZELLE

Ophidion barbatum L.

Famille des Ophiididés. Elle est commune sur les fonds meubles de la Méditerranée et de l'Atlantique oriental, jusqu'à 200 m de profondeur. Sa chair est assez bonne. Taille : 30 cm.

GOBIE NOIR

Gobius niger L.

Famille des Gobiidés. De nombreuses espèces de gobies habitent dans nos mers. Ils se reconnaissent aisément à leurs pelviennes, généralement soudées sur toute leur longueur et formant ainsi un disque ventral adhésif qui leur permet de se fixer aux rochers. Commun en Méditerranée et dans l'Atlantique oriental, le Gobie noir fréquente les fonds vaseux peu profonds ; il mesure 15 cm et sa chair n'a pas de valeur culinaire.

Le Gobie paganel (*Gobius paganellus* L.) vit aussi sur les fonds peu profonds, sableux et vaseux. De même taille que le Gobie noir, il s'en distingue par sa première dorsale, dont les rayons ne dépassent pas la membrane qui les unit. Ce Gobie, comme tous ses cousins, n'est pas apprécié pour sa chair. Mentionnons aussi le Gobie à grosse tête (*Gobius cobitis* Pall.) et le Gobie doré (*Gobius auratus* Risso), assez communs dans nos mers. Rare en Méditerranée, le Gobie de sable (*Gobius arenae* Bath) ne dépasse pas 5 cm.

LABRE MÊLÉ

Labrus bimaculatus L.

Famille des Labridés. Ce superbe poisson d'environ 35 cm vit en Méditerranée et dans l'Atlantique oriental, sur des fonds rocheux plus ou moins profonds et parmi les rochers du littoral, où il est assez commun. La femelle se distingue du mâle (représenté ici) par sa livrée jaune rosé, ou rouge, et par ses taches noires entrecoupées de blanc sur la base de la fin de la dorsale. La chair du Labre mêlé n'est pas estimée. En période de reproduction, les mâles se livrent à des combats parfois mortels pour conquérir les femelles. Synonymes : *Labrus mixtus, L. lineatus.*

FIATOLON

Stromateus fiatola L.

Famille des Stromatéidés. Habitant la Méditerranée et l'Atlantique oriental, le Fiatolon affectionne les fonds meubles peu profonds. Il est assez rare. Taille : 35 cm. Chair peu goûtée.

LICHE AMIE

Lichia amia L.

Famille des Carangidés. Commune dans les eaux profondes de la Méditerranée et de l'Atlantique oriental, elle se rapproche des côtes au printemps. Taille : entre 40 cm et 2 m. Espèces apparentées : la Liche glauque (*Trachynotus ovatus* L. ou *Lichia glauca*), qui mesure entre 30 et 50 cm, et la Sériole (*Seriola dumerili* Risso), dotée d'une livrée dorée ou argentée, qui atteint 2 m. Ce sont d'excellents poissons de table.

BROCHET DE MER, BARRACUDA

Sphyraena sphyraena L.

Famille des Sphyraenidés. Ce prédateur vorace vit sur les fonds sableux de la Méditerranée et de l'Atlantique. Taille : il atteint 1,50 m. Synonymes : *Sphyraena vulgaris*, *S. spet*. Peu commun, il est étroitement apparenté au Barracuda des mers américaines.

MENDOLE

Maena maena L., *Spicara maena*

Famille des Centracanthidés. Cette famille compte, entre autres, trois espèces assez semblables qu'il n'est pas facile de différencier : elles mesurent environ 20 cm et portent

une tache sombre, allongée et plus ou moins marquée, sur les flancs, au-dessous de la ligne latérale. Leur chair est diversement appréciée. Très commune, la Mendole (autrefois appelée *Maena vulgaris*, ou *Merolepis vulgaris*) vit dans les prairies de zostères de la Méditerranée et de l'Atlantique oriental, à quelques mètres de profondeur.
Les deux autres espèces sont tout aussi fréquentes, mais surtout sur les fonds sableux, à quelques dizaines de mètres de profondeur. Ce sont le Picarel (*Maena smaris* L., ou *Spicara smaris* L., jadis appelé *Centracanthus smaris*), un peu plus élancé que la Mendole, et le Gerle (*Maena chryselis* Cuv.-Val.), également appelé *Spicara flexuosa* Rafinesque ou *Smaris chryselis* Valenciennes.

MARBRÉ

Lithognathus mormyrus L.

Famille des Sparidés. Espèce commune en Méditerranée et dans l'Atlantique oriental. Chair estimée. Taille : entre 20 et 50 cm.

MULET DORÉ

Mugil auratus Risso, *Liza aurata* Risso

Famille des Mugilidés. Apprécié pour sa chair, ce Mulet peuple les lagunes littorales, les ports et les estuaires, où il est commun; il remonte parfois nos fleuves. Dans la même famille, on trouve le Mulet lippu (*Mugil chelo* Cuv.), le Mulet-porc (*Mugil capito* Cuv.) et le Mulet-cabot ou Mulet à grosse tête (*Mugil cephalus* L.). Ils mesurent environ 60 cm, ou parfois plus (1,20 m pour *Mugil cephalus* L.).

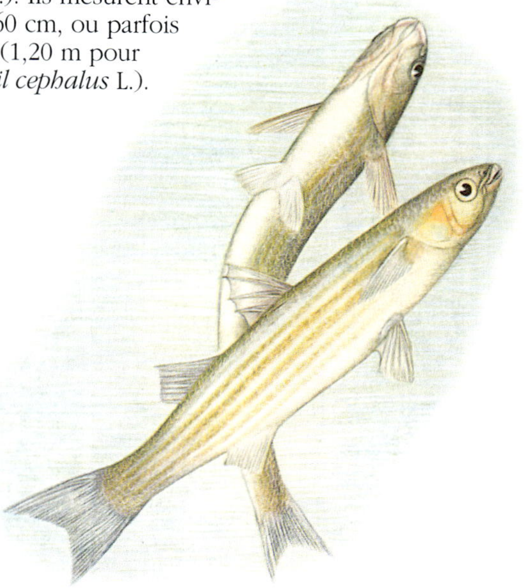

OBLADE, BLADE

Oblada melanura L.

Famille des Sparidés. L'Oblade vit en Méditerranée, où elle est commune, et dans l'Atlantique oriental, où elle est rare. Elle affectionne les fonds rocheux et les herbiers littoraux peu profonds. Taille : 15 à 30 cm. Chair assez estimée.

OMBRINE COMMUNE

Umbrina cirrosa L.

Famille des Sciaenidés. Doté d'une chair excellente, ce poisson a une grande valeur commerciale. On le distingue aisément des espèces apparentées à son barbillon mentonnier court, épais, semblable à une verrue. Mesurant entre 30 cm et 1 m, elle peuple les profondeurs moyennes de la Méditerranée et de l'Atlantique oriental, où elle fréquente les fonds sablovaseux, notamment dans les estuaires. Carnivore, l'Ombrine commune chasse les maquereaux et les Clupéidés, mais se montre craintive à l'égard de l'homme et fuit les plongeurs en se cachant dans les anfractuosités et parmi les algues. Elle était jadis appelée *Sciaena cirrosa* ou *cirrhosa*. Dans l'ouest de la Méditerranée, on rencontre aussi l'Ombrine du large (*Umbrina canariensis*).

DORADE ROYALE

Sparus auratus L.

Famille des Sparidés. Commune en Méditerranée, assez rare dans l'Atlantique oriental, la Dorade royale vit sur les fonds sableux ou rocheux et recouverts d'algues. Sa chair est excellente. Elle peut atteindre 60 cm pour 10 kg. Il ne faut pas confondre cette Dorade (la vraie) avec la Dorade rose (*Pagellus centrodontus*) et la Dorade grise (*Spondyliosoma cantharus*).

PAGEOT ACARNÉ

Pagellus acarne Risso

Famille des Sparidés. Appelé aussi Bogue ravelle, il vit dans l'Atlantique tropical jusqu'au Danemark, et en Méditerranée, où il est commun. Taille : 35 cm. Chair très estimée.

PAGEOT ROUGE, PAGEOT COMMUN

Pagellus erythrinus L.

Famille des Sparidés. Ce poisson doit son nom à sa livrée rouge ou rosée. Mesurant entre 20 et 50 cm, il vit sur les fonds sablonneux de la Méditerranée et de l'Atlantique oriental, où il est commun. Sa chair délicate est très estimée.

PAGRE COMMUN

Sparus pagrus L.

Famille des Sparidés. Répandu en Méditerranée et dans l'Atlantique oriental, il fréquente les fonds sablonneux ou caillouteux et les «prairies», jusqu'à 200 m de profondeur. Taille: 30 à 70 cm. Chair très prisée. On le confond souvent avec le Denté, bien qu'il ne soit pas de la même couleur. Ses flancs ont des reflets argentés et présentent parfois des lignes et des taches de teintes variées. Il se nourrit de mollusques et de crustacés, ainsi que d'algues et de zostères. Assez petite, sa bouche est pourvue de dents en forme de canines sur le devant, et en forme de molaires sur les côtés, comme celle de la Dorade.

BONITE À DOS RAYÉ

Sarda sarda Bloch

Famille des Scombridés. Appelée aussi Pélamide, la Bonite à dos rayé vit généralement dans les eaux profondes de la Méditerranée et de l'Atlantique, mais elle remonte près de la surface et se rapproche des côtes au printemps. Assez répandue, elle atteint 90 cm pour 10 kg. Sa chair est estimée. Synonyme : *Pelamys sarda*. La mer Méditerranée et l'océan Atlantique hébergent une espèce très proche, la Palomète (*Orcynopsis unicolor* Geoffr.), dont le dos et les flancs sont bleu argenté et dépourvus de raies et de taches.

SABRE ARGENTÉ

Lepidopus caudatus Euphr.

Famille des Trichiuridés. Pouvant atteindre 2 m de long, il vit dans les eaux profondes de la Méditerranée et de l'Atlantique oriental. Chair très estimée. Synonyme : *L. argenteus*.

GRANDE CASTAGNOLE

Brama raii Bloch, *Brama brama* Bonn.

Famille des Bramidés. Appelée aussi Hirondelle de mer, elle vit dans la Méditerranée, l'Atlantique et le Pacifique, entre quelques dizaines et 300 m de profondeur, plutôt au large. Mesurant de 30 à 80 cm, elle est peu commune sur les côtes européennes, sauf saisonnièrement au Portugal. Sa chair est très prisée. Il ne faut pas la confondre avec la Petite Castagnole (*Chromis chromis*) qui, elle, est très fréquente sur nos côtes méditerranéennes (voir page 82).

POISSON PILOTE

Naucrates ductor L.

Famille des Carangidés. Cosmopolite, il vit en haute mer et accompagne habituellement les requins, les tortues, les Cétacés et même les navires, d'où son nom. Taille : 20 à 70 cm. Chair estimée.

GRANDE VIVE

Trachinus draco L.

Famille des Trachinidés. Commune dans l'Atlantique oriental et en Méditerranée, elle fréquente les fonds sableux ou sablovaseux, jusqu'à 100 m de profondeur. Les aiguillons venimeux de sa première dorsale peuvent infliger des blessures douloureuses. Chair appréciée. Taille : 40 cm.

ESPADON

Xiphias gladius L.

Famille des Xiphiidés. Cosmopolite, l'Espadon vit en profondeur, mais remonte près de la surface et s'approche des côtes à la belle saison pour pondre ses œufs. En

automne, il regagne les eaux profondes, en haute mer. Commun en Méditerranée, surtout dans le sud, il est chassé à l'hameçon et au harpon par les pêcheurs sportifs, qui apprécient son tempérament combatif. L'Espadon se distingue par son «épée», long rostre qui atteint chez l'adulte le tiers de la longueur de son corps. On pense qu'il s'en sert pour étourdir ses proies et les mettre en pièces. Il peut atteindre 5-6 m de long pour 400 kg. Sa chair blanc rosé, maigre, est très appréciée, ainsi que l'huile de son foie. Nageur rapide et endurant, l'Espadon se montre parfois agressif. La famille des Xiphiidés est apparentée à celle des Istiophoridés (voiliers et marlins) dont certains représentants vivent dans nos mers. C'est le cas, entre autres, du Voilier de l'Atlantique (*Istiophorus albicans* Latreille), répandu dans l'Atlantique, le Pacifique et l'océan Indien. Doté d'un rostre semblable à celui de l'Espadon, il doit son nom vulgaire à la forme de sa première nageoire dorsale, très haute, soutenue par des rayons épineux souples. Sa chair est estimée et son foie contient une huile très riche en vitamines.
Taille: 3 m et plus.

SAR COMMUN, SAR DE RONDELET

Diplodus sargus L.

Famille des Sparidés. Il vit en Méditerranée, dans l'Atlantique oriental et dans l'ouest de l'océan Indien. Commun le long de nos côtes méditerranéennes, dans les eaux peu profondes, sur les fonds rocheux recouverts d'algues, il atteint exceptionnellement 40 cm pour 2 kg. Apprécié pour sa chair, il se reconnaît à ses rayures brunes verticales et à la tache noirâtre qu'il porte sur le pédoncule caudal. Synonymes : *Sargus rondeletii, Sargus sargus*. D'autres sars peuplent nos mers, généralement plus petits et moins recherchés, comme le Sar à tête noire (*Diplodus vulgaris* Geoffr.), qui porte une large tache noire derrière la tête et un anneau noir sur le pédoncule caudal, et le Sparaillon (*Diplodus annularis* L.), dont la livrée, plus jaunâtre, présente un simple anneau noir sur le pédoncule caudal.

Serran chevrette, Saran

Serranus cabrilla L.

Famille des Serranidés. Semblables à de tout petits mérous, les représentants du genre *Serranus* (jadis appelé *Serranellus*) s'en différencient, outre par leur plus petite taille, par leur hermaphrodisme : le même sujet possède à la fois des organes reproducteurs mâle et femelle. Le Serran chevrette se reconnaît aisément à ses lignes longitudinales orangées, qui vont de la tête jusqu'au pédoncule caudal. Très répandu, il vit dans les fonds rocheux et les prairies de posidonies, à des profondeurs moyennes. Abondamment pêché, il atteint 35 cm. Sa chair est assez bonne.

SERRAN-ÉCRITURE

Serranus scriba L.

Famille des Serranidés. Ce poisson présente des bandes verticales brunâtres sur le corps, comme tous les serrans, ainsi que des lignes réticulées bleues ou lilas sur la tête, qui lui valent son nom car elles rappellent étrangement les caractères d'une écriture exotique. Il a la même taille que le Serran chevrette et occupe le même habitat. Sa chair est assez bonne.

Une autre espèce commune en Méditerranée est le Serran hépate (*Serranus hepatus* L.), reconnaissable à sa grosse tache noire sur la nageoire dorsale. Il fréquente les fonds sablonneux, vaseux ou détritiques, à des profondeurs pouvant aller jusqu'à 100 m. Il mesure 15 cm de long et sa chair n'a aucune valeur gastronomique.

Dans la même famille, on trouve aussi le Barbier, ou Anthias (*Anthias anthias* L.), qui vit en Méditerranée et dans l'Atlantique oriental. Taille : 22 cm. Chair médiocre.

MAQUEREAU COMMUN

Scomber scombrus L.

Famille des Scombridés. Très répandu en Méditerranée et dans l'Atlantique, le Maquereau vit en eaux profondes mais remonte près de la surface à la belle saison. Il se déplace en bancs immenses. Sa chair est très réputée. Taille : jusqu'à 50 cm de long. Synonyme : *Scomber scomber.*
Ressource de première importance pour l'industrie de la pêche, le Maquereau constitue, avec le Hareng, la Morue et le Saumon, l'une des principales sources de nourriture de l'humanité. Il est particulièrement pêché en Amérique du Nord (côte Atlantique).
Dans nos mers, on trouve aussi le Maquereau espagnol (*Scomber japonicus colias* Gm.), une sous-espèce de l'espèce qui peuple l'océan Pacifique. Beaucoup plus petit que le Maquereau commun, on le reconnaît à ses plus grands yeux et aux taches sombres, noires ou vert grisâtre, qu'il porte sur les flancs. Synonymes : *Pneumatophorus colias.*

Bar commun, Loup

Dicentrarchus labrax L.

Famille des Serranidés. Appelé aussi Loup, le Bar est un des poissons les plus recherchés pour sa chair et l'une des proies favorites des chasseurs sous-marins. Il vit en Méditerranée et dans l'Atlantique oriental, souvent près des côtes, à faible profondeur ; il fréquente aussi les estuaires et remonte parfois les fleuves pour se reproduire. Assez répandu dans nos mers, on le distingue aisément des autres Serranidés à ses deux nageoires dorsales argentées. Il peut atteindre 1 m de long pour un poids de 10 kg. Redoutable prédateur, il dévore tous les petits poissons qui passent à sa portée. Seuls parviennent à lui échapper ceux qui se réfugient dans les eaux peu profondes, où il se déplace moins aisément du fait de sa grande taille. Synonymes : *Labrax lupus, Morone labrax, Perca labrax.*

THON ROUGE

Thunnus thynnus L.

Famille des Thunnidés. Quasiment cosmopolite, le Thon rouge est très répandu dans les eaux chaudes et tempérées de tout le globe. En hiver, il vit à de grandes profondeurs, jusqu'à 1 000 m ; au printemps, il remonte vers les eaux côtières en bancs importants pour frayer ; puis, l'automne venu, il regagne les eaux profondes, en haute mer. Pêché à la traîne en Atlantique, le Thon est encore capturé à la madrague en Méditerranée (en Sicile et en Tunisie). Ce type de pêche donne lieu à un spectacle sanglant : rabattus dans les filets, les poissons sont conduits, par une sorte de labyrinthe vers un enclos appelé « chambre de la mort », où on les capture définitivement en relevant le filet du fond. Rendus comme fous par les filets qui se resserrent sur eux, les thons font des bonds désespérés pour chercher à s'enfuir et trouvent la mort dans des eaux ensanglantées.

Le Thon est un très grand poisson pouvant dépasser 3 m de long et peser plusieurs centaines de kilos. Il possède un appareil circulatoire complexe et très développé : son sang est chaud et rouge. Sa chair, très estimée, est consommée fraîche ou conservée dans l'huile ou la saumure. On extrait de son foie une excellente huile dotée de propriétés reconstituantes. Synonyme : *Orcynus thynnus*.
Beaucoup plus petit (environ 1 m), le Thon blanc ou Germon (*Thunnus alalunga* Bonn.) est une espèce apparentée, commune en Méditerranée et dans l'Atlantique. On le pêche également de façon intensive car sa chair est aussi prisée que celle du Thon rouge. Cette famille comprend également la Bonite à ventre rayé (*Euthynnus pelamis* L.), de taille comparable, et le Bonitou (*Auxis thazard* Lac.), plus petit (de 30 à 50 cm). Ces espèces sont beaucoup moins pêchées car leur chair est bien moins appréciée.

Labre vert

Labrus turdus L.

Famille des Labridés. Commun en Méditerranée et dans l'Atlantique oriental, ce poisson vit dans les eaux peu profondes, près des côtes, sur les fonds sablonneux ou détritiques recouverts d'algues. Sa chair est médiocre. Taille : 35 cm. Synonymes : *L. viridis, L. festivus, L. saxatilis.*

Saurel

Trachurus trachurus L.

Famille des Carangidés. Très répandu en Méditerranée et dans l'Atlantique oriental. Les adultes mesurent entre 20 et 40 cm et habitent en eaux profondes, tandis que les jeunes nagent près de la surface. Chair assez bonne.

Surmulet

Mullus surmuletus L.

Famille des Mullidés. Il habite les fonds rocheux et les récifs jusqu'à 100 m de profondeur. Taille: 40 cm. Son cousin, le Rouget barbet (*Mullus barbatus* L.), peuple les fonds vaseux jusqu'à 300 m de profondeur. Répandus en Méditerranée et dans l'Atlantique oriental, ces poissons ont une chair très prisée.

URANOSCOPE, RAT

Uranoscopus scaber L.

Famille des Uranoscopidés. Il occupe la même aire de distribution et le même habitat que la Grande Vive (voir page 106). Commun, il mesure de 15 à 30 cm et porte des aiguillons venimeux. Sa chair entre dans la composition de la bouillabaisse.

RÉMORA

Echeneis naucrates L.

Famille des Echénéidés. Espèce cosmopolite et pélagique assez rare, le Rémora se distingue par sa ventouse céphalique, avec laquelle il s'accroche aux gros poissons, aux Cétacés et même aux coques des bateaux pour se faire transporter. Taille : 50 cm à 1 m.

FLET

Platichthys flesus L.

Famille des Pleuronectidés. Commun dans l'Atlantique, ce poisson plat se rencontre plus rarement en Méditerranée occidentale. Il fréquente les fonds vaseux, près des côtes, et pénètre parfois dans les eaux saumâtres et douces. Sa chair est très estimée. Taille : jusqu'à 50 cm. Synonymes : *Flesus vulgaris, Pleuronectes flesus, P. passer.*
Répandu dans l'Atlantique Nord, où il fréquente les fonds rocheux, le Flétan (*Hippoglossus hippoglossus* L.) appartient à la même famille. Pouvant atteindre plus de 2,5 m pour un poids supérieur à 200 kg, il est également très recherché pour la qualité de sa chair.

BARBUE

Scophthalmus rhombus L.

Famille des Scophthalmidés. Tous les Pleuronectiformes, ou poissons plats, ont un corps élargi, très comprimé et asymétrique. Ils se distinguent notamment par la position de leurs yeux, situés tous les deux sur un même côté du corps (droit ou gauche suivant les espèces) ; ce côté est également le seul à être pigmenté. Qu'ils nagent ou se reposent, ils se tiennent toujours couchés sur un flanc, la face colorée tournée vers la surface. Les poissons plats sont en outre capables d'adaptations homochromiques poussées, leur permettant de se camoufler à la perfection sur le fond où ils se tiennent. Certains s'enfouissent dans la vase ou le sable, ne laissant dépasser que leurs yeux qui peuvent s'exorbiter.

Il est à noter que les alevins des poissons plats ont des yeux normalement disposés et un corps symétrique. La transformation du squelette et la migration des organes se produisent lors de la croissance.

Commune en Méditerranée et dans l'Atlantique, la Barbue vit sur les fonds sablonneux et vaseux, près des côtes; elle remonte parfois jusqu'aux embouchures des fleuves. Taille: 25 à 70 cm. Synonymes: *Bothus rhombus, Rhombus laevis*.

Le Turbot (*Psetta maxima* L.), d'aspect semblable mais beaucoup plus gros, est très recherché pour sa chair. La Pleuronecte-panthère ou Platophrys (*Bothus podas* Delar.) appartient à une autre famille de poissons plats, les Bothidés, tout comme les nombreuses espèces d'arnoglosses dont le plus répandu dans nos mers est la Fausse Limande ou Arnoglosse lanterne (*Arnoglossus laterna* Walb.). Ce sont tous de petits poissons dotés d'une chair médiocre.

SOLE COMMUNE

Solea solea L.

Famille des Soléidés. La Sole compte certainement parmi les poissons les plus prisés pour la qualité de leur chair. Plusieurs espèces et sous-espèces de soles peuplent nos mers. La plus connue est la Sole commune, qui vit couchée sur les fonds sablonneux ou vaseux à quelques dizaines de mètres de profondeur. Taille : 45 cm.
D'aspect similaire, mais plus petites que la précédente, la Sole tachetée, ou Sole de Klein *(Solea kleini* Risso), la Sole jaune (*Buglossidium luteum* Risso) et la Sole velue (*Monochirus hispidus* Raf., ou *Solea monochir*) sont aussi très recherchées pour leur chair. La plus facile à reconnaître est sans doute la Sole ocellée (*Microchirus ocellatus* L.) dont la face pigmentée présente au moins quatre taches noires bordées de jaune, ainsi qu'une bande sombre bien visible à la base de la nageoire caudale.

POISSON LUNE
Mola mola L.

Famille des Molidés. Appelé aussi Mole, c'est une espèce pélagique assez commune dans nos mers. On le reconnaît à sa forme ovoïde caractéristique. Taille : 2 m et plus. Synonyme : *Ortagoriscus mola.*

BAUDROIE COMMUNE

Lophius piscatorius L.

Famille des Lophiidés. La Baudroie, dont la queue fait le régal des gourmets, habite les fonds sablonneux, vaseux et détritiques, jusqu'à quelques centaines de mètres de profondeur. On la rencontre en Méditerranée et dans les océans Atlantique et Indien, où elle est commune. Elle atteint 2 m pour 40 kg. La Baudroie rousse (*Lophius budegassa* Spin.) est une espèce apparentée de plus petite taille (70 cm), dotée d'une tête plus étroite, souvent confondue avec la précédente.

POISSONS D'EAU DOUCE

Plus de 200 espèces de poissons vivent dans les lacs et les rivières d'Europe (environ 78 en France) ; il serait impossible de tous les décrire dans cet ouvrage. Nous ne citerons donc que les espèces que l'on rencontre le plus fréquemment dans nos cours d'eau et nos lacs, ainsi que celles qui présentent un intérêt particulier.
Il est à noter que, chez les poissons d'eau douce, une même espèce peut présenter de nombreuses sous-espèces et variétés très localisées géographiquement, souvent propres à un bassin hydrographique ou à une région, voire à un seul lac ou à une seule rivière. De plus, les individus d'une même espèce peuvent avoir une morphologie (forme, couleur, etc.) très variable en fonction des conditions ambiantes du milieu où ils vivent, ce qui rend malaisée leur distinction. Un exemple classique nous est fourni par la Truite, avec ses innombrables sous-espèces, dont la classification s'avère particulièrement complexe.
Il convient également de souligner que la distinction entre poissons de mer et poissons d'eau douce est réalisée dans un but pratique, mais qu'elle est en réalité loin d'être aussi stricte : des représentants d'une même famille et parfois d'un même genre peuvent très bien vivre en mer pour certains et en eaux douces pour d'autres. Certaines espèces habitent même parfois les deux écosystèmes, soit à des périodes différentes de leur vie, soit parce qu'elles

vivent en eaux saumâtres et se déplacent dans les eaux limitrophes, salées ou douces. Les esturgeons et les saumons, par exemple, passent une grande partie de leur vie en mer et remontent les fleuves uniquement pour se reproduire. D'autres espèces, comme l'Anguille, font exactement le contraire. Les muges, enfin, peuplent aussi bien la mer que les embouchures des fleuves.

La pêche en eaux douces

Le terme d'eaux douces désigne les eaux continentales internes: rivières, fleuves, lacs, étangs... On parle d'eaux saumâtres quand de l'eau de mer et de l'eau douce se mélangent, comme c'est le cas dans les étangs côtiers, les lagunes et les embouchures des fleuves où, sous l'action des marées, l'eau de mer remonte parfois assez loin le lit du fleuve. L'eau saumâtre présente une faible salinité.

Selon le milieu où elle s'exerce, le type de poisson recherché et la technique utilisée, la pêche en eaux douces se pratique à l'aide de lignes, de filets flottants, de filets dormants, de nasses, de sennes, etc. On a souvent recours aussi à des pièges et à des instruments spécifiques.

Pour la pêche sportive à la ligne, l'attirail varie selon la technique de pêche utilisée et peut s'enrichir d'équipements divers si l'on tient à la pratiquer dans les règles de l'art: on mentionnera, entre autres, les cannes, les moulinets, les hameçons, les flotteurs, les plombs, les leurres, les lignes, les appâts (naturels ou artificiels) et l'épuisette.

Les techniques les plus répandues sont la pêche au flotteur, la pêche au fond, la pêche à la cuillère et la pêche à la mouche.

ESTURGEON COMMUN

Acipenser sturio L.

Famille des Acipenséridés. Les esturgeons et les espèces apparentées appartiennent à une sous-classe de Poissons osseux bien distincte : les Actinoptérygiens ou Chondrostéens. On les reconnaît du premier coup d'œil à l'aspect typique de leur corps squaliforme à section pentagonale, garni de cinq rangées longitudinales d'écussons osseux (épineux chez certaines espèces). Ils ont une nageoire caudale hétérocerque, c'est-à-dire au lobe supérieur beaucoup plus développé que le lobe inférieur. Leur museau allongé porte, sur sa face inférieure, 4 barbillons derrière lesquels s'ouvre la bouche, petite et dépourvue de dents. Leur squelette est cartilagineux, mais ils ont la tête et le corps recouverts de plaques osseuses. L'Esturgeon vit habituellement dans la mer et remonte les fleuves une fois par an pour s'y reproduire. Très prolifique, une femelle de 80 kg peut déposer 1 500 000 œufs. Sa chair est réputée et, avec ses œufs, on prépare le célèbre caviar.

L'Esturgeon est un des plus gros poissons de nos cours d'eau (rarissime dans la Gironde). Autrefois très répandu dans toutes les rivières d'Europe, il se fait de plus en plus rare, victime d'une pêche excessive, de la construction de barrages et de l'augmentation de la pollution. Il mesure habituellement entre 1,50 m et 2,50 m, mais peut exceptionnellement atteindre 6 m de long pour un poids de plus de 500 kg. Parmi les plus grandes espèces, on trouve le Bélouga ou Grand Esturgeon (*Huso huso* L.), qui vit dans les régions sud-orientales de l'Europe, de l'Adriatique à la Caspienne. On a capturé dans les grands fleuves russes des individus mesurant plus de 7 m pour un poids de près 1 300 kg. Ses barbillons sont aplatis, charnus et frangés. Il est à l'origine du célèbre caviar Bélouga. Quelques autres espèces d'esturgeons, plus ou moins locales, et de nombreux hybrides, se rencontrent en Europe orientale et particulièrement en Russie.

ALOSE FEINTE

Alosa fallax Lacep.

Famille des Clupéidés. Les aloses appartiennent à la même famille que de nombreux poissons pélagiques de première importance, comme le Hareng, les sardines ou les anchois. Les aloses, que nous avons déjà décrites dans la section consacrée aux poissons de mer, passent la plus grande partie de leur vie en mer et ne remontent les fleuves qu'à l'époque de la fraie. Elles restent en eau douce pendant leur première saison, puis, l'automne venu, elles se laissent emporter par le courant vers la mer. L'Alose feinte et sa congénère la Grande Alose (*Alosa alosa* L.) peuplent les rivières de presque toutes les régions d'Europe occidentale. Autrefois, la Grande Alose remontait les fleuves très loin, à plusieurs centaines de kilomètres des côtes, mais les grands barrages ainsi que la pollution croissante ont mis fin à ces migrations importantes et, aujourd'hui, on ne la trouve plus que relativement près des côtes. Les seules populations d'aloses qui vivent loin de la mer sont des sous-espèces de l'Alose feinte, *Alosa fallax lacustris*, qui se sont adaptées à une vie exclusivement en eau douce. On trouve ces aloses d'eau douce surtout dans les grands lacs préalpins d'Italie du Nord, de Suisse méridionale et des Balkans. Elles mesurent jusqu'à 50 cm pour un poids de près de 1,5 kg. Pendant la plus grande partie de l'année, ces poissons vivent dans les eaux froides du fond, où ils se nourrissent de micro-organismes. Au début de l'été, ils remontent près de la surface et, au coucher du soleil, ils s'approchent des côtes pour frayer dans des eaux plus tièdes, sur un fond de gravier. Ils déposent des œufs blanc-jaunâtre de 1,5 mm de diamètre. On les capture alors en grandes quantités. Leur chair est excellente.

POWAN, LAVARET

Coregonus lavaretus L.

Famille des Salmonidés. Son aire de distribution d'origine comprend une bonne partie de l'Europe septentrionale (de l'Écosse à la Russie) ainsi que les régions alpines. Il peut dépasser 60 cm et peser 3 kg. Sa chair est tendre et savoureuse.

BROCHET

Esox lucius L.

Famille des Esocidés. Le Brochet, comme toutes les espèces de sa famille, est un poisson qui vit en eau douce. Son corps, très allongé, est aplati latéralement. Ses nageoires dorsale et anale sont semblables et placées loin en arrière. Son museau plat et large ressemble un peu à celui d'un crocodile. Il est pourvu d'une grande bouche, toujours entrouverte, garnie de nombreuses dents pointues et recourbées vers l'arrière. Sa couleur varie en fonction de son âge, de la saison et du milieu où il vit : généralement elle va du vert plus au moins foncé au gris argenté ou au brun. Les femelles, plus grosses que les mâles, atteignent exceptionnellement 1,50 m pour un poids de plus de 35 kg. Répandu dans presque toute l'Europe, le Brochet fréquente les eaux stagnantes ou les eaux courantes, surtout dans les parties tranquilles des cours d'eau, et se rencontre aussi en eau saumâtre. Parfois, il pénètre même en mer, le long des côtes de la Baltique.

Prédateur extrêmement vorace, il se nourrit surtout de gardons et d'ablettes, mais s'attaque à toutes sortes de poissons, et même aux poussins des oiseaux aquatiques et aux insectes. Le Brochet dévore chaque jour l'équivalent d'un tiers de son poids en nourriture.

Au début du printemps, la femelle pond des milliers d'œufs (voire des dizaines ou même des centaines de milliers chez les plus gros spécimens) dans des eaux peu profondes et tranquilles. La croissance du Brochet est très rapide et il constitue une proie fort appréciée des pêcheurs sportifs.

OMBLE CHEVALIER

Salvelinus alpinus L.

Famille des Salmonidés. L'Omble chevalier est une espèce adaptée aux eaux froides. Répandu le long des côtes et dans les cours d'eaux des régions arctiques, il peuple aussi les lacs d'Europe du Nord et les lacs alpins. Parmi les nombreuses sous-espèces connues, les plus nordiques sont migratrices (vie marine et fraie en eau douce), tandis que les autres sont plus sédentaires. Chair très prisée.

SAUMON DE L'ATLANTIQUE

Salmo salar L.

Famille des Salmonidés. Cette famille de poissons compte de nombreuses espèces dont l'exploitation revêt une grande importance économique. Certaines sont principalement marines et ne pénètrent les cours d'eau douce que pour se reproduire. D'autres, au contraire, vivent exclusivement en eau douce. Une des caractéristiques permettant de reconnaître un Salmonidé est la présence d'une deuxième nageoire dorsale dépourvue de rayons, appelée

nageoire adipeuse. Le Saumon de l'Atlantique est une des espèces les plus connues. C'est un poisson pélagique qui passe une grande partie de sa vie dans l'Atlantique septentrional. Au bout de quelques années, mû par une énergie inouïe, le Saumon remonte le cours d'eau qui l'a vu naître pour y frayer. Accomplissant des bonds prodigieux pouvant atteindre 3 m, il franchit les différents obstacles qu'il rencontre sur son passage, et même les chutes d'eau. Dès que le Saumon pénètre en eau douce, il cesse de s'alimenter et vit sur ses réserves. Son corps subit d'importantes modifications physiologiques: il change de couleur, maigrit beaucoup, tandis que sa mâchoire inférieure se transforme en crochet. Épuisés, la plupart des saumons périssent après la fraie. Seuls quelques rares individus parviennent à regagner la mer, où ils retrouvent rapidement leur aspect originel.
Les jeunes passent 1 à 5 ans en eau douce avant de migrer vers la mer, où ils atteignent, quelques années plus tard, la maturité sexuelle; ils regagnent alors à leur tour leur frayère natale.
La chair du Saumon est excellente. Abondamment pêché, il est actuellement élevé dans des «fermes» à saumons. C'est une proie convoitée par les pêcheurs sportifs.

OMBRE EUROPÉEN

Thymallus thymallus L.

Famille des Thymallidés. Cet Ombre est le seul représentant européen de la famille des Thymallidés, étroitement apparentée à celle des Salmonidés, dans laquelle il était jadis classé. Son corps, aplati latéralement, est recouvert de grandes écailles. Sa bouche, peu développée, porte de petites dents. Sa première nageoire dorsale est haute et longue et, comme les Salmonidés, il porte une deuxième nageoire dorsale adipeuse, c'est-à-dire dépourvue de rayons. De couleur assez vive et irisée, ses flancs sont ornés de points noirs. Son œil est grand et vif. Taille : jusqu'à 60 cm.

L'Ombre peuple les cours d'eau claire et vive de moyenne montagne de toute l'Europe centrale et septentrionale. Il fraie au début du printemps sur des fonds graveleux ou sableux. La femelle pond quelques milliers d'œufs qui mesurent 3 mm. Ils éclosent au bout de trois à quatre semaines, donnant naissance à des alevins longs d'une dizaine de millimètres. La croissance de l'Ombre est rapide :

il mesure 10 cm à un an et 20 cm au bout de la deuxième année. Les mâles atteignent la maturité sexuelle à deux ou trois ans, les femelles à trois ans ou plus.
Sa chair très réputée, au léger goût de thym (d'où son nom latin), en fait une proie appréciée des pêcheurs sportifs. Très sensible à la pollution, l'Ombre européen se fait chaque jour plus rare.

TRUITE

Salmo trutta L.

Famille des Salmonidés. L'espèce est souvent subdivisée en plusieurs formes distinctes dont les principales différences physiques sont liées au mode de vie. On peut même parler de trois sous-espèces à part entière : la Truite de mer (*Salmo trutta trutta* L.), la Truite de rivière (*Salmo trutta fario* L.) et la Truite de lac (*Salmo trutta lacustris* L.). De plus, il existe plusieurs formes géographiques très localisées, comme *Salmo trutta carpione*, propre au seul lac de Garde et de mœurs semblables à la Truite de lac.

Peuplant les côtes de l'Atlantique à l'océan Arctique, la Truite de mer est migratrice. C'est la plus grande de toutes (jusqu'à 1 m pour 40 kg). De couleur gris argenté ou gris brun, elle ressemble beaucoup au Saumon aussi bien par son aspect que par ses mœurs. La Truite de rivière, répandue à travers toute l'Europe dans les eaux vives bien oxygénées est beaucoup plus petite ; c'est la proie par excellence des pêcheurs sportifs. Ses couleurs sont éclatantes et variables. Chez l'adulte, le dos sombre et les flancs, plus clairs, sont parsemés de gros points noirs et rouges, bordés de blanc. Quant à la Truite de lac, c'est la forme qui vit dans les grands lacs, surtout d'eau froide. Moins colorée que la Truite de rivière, elle remonte les affluents des lacs pour frayer. Dans les lacs alpins, en altitude, elle pond parfois directement sur place, au point d'arrivée des sources qui lavent continuellement le sable. Selon la sous-espèce, la fraie a lieu en automne ou en hiver. En moyenne, la Truite pond un millier d'œufs jaune orangé par kilogramme de poids, sous les graviers.
La Truite est un poisson carnivore extrêmement vorace. Elle se nourrit de toutes sortes de petits animaux aquatiques. Comme beaucoup d'autres Salmonidés, elle craint la pollution, et, pour maintenir les populations, on procède tous les ans à l'introduction d'alevins nés dans des bassins d'élevage.

TRUITE ARC-EN-CIEL

Oncorhynchus mykiss Walbaum, *Salmo gairdneri* Rich.

Famille des Salmonidés. Apparentée à l'espèce précédente, la Truite arc-en-ciel est originaire des côtes occidentales de l'Amérique du Nord. Elle a été introduite en Europe vers 1880. Plus résistante que la Truite européenne, elle est également moins sensible à la pollution de l'eau, ainsi qu'à sa température. Moins exigeante aussi sur le plan alimentaire, elle est exploitée en Europe comme poisson d'élevage, son rendement étant bien supérieur à celui des truites locales. Les tentatives d'acclimatation de l'espèce à l'état sauvage n'ont pas donné les résultats escomptés. Une grande partie des truites vendues sur nos marchés sont des truites arc-en-ciel, très appréciées pour leur chair.

POISSON CHAT

Ameiurus nebulosus Le Sueur

Famille des Ictaluridés, ou Siluridés. Originaire d'Amérique du Nord, il a été introduit en Europe vers la fin du XIXe siècle et s'y est parfaitement acclimaté. C'est un poisson très vorace, qui s'attaque notamment aux alevins des espèces ayant un rôle économique important. Le Poisson chat mesure environ 25 cm et se reconnaît aisément aux huit barbillons allongés qui entourent sa bouche. Il supporte bien les eaux de qualité moyenne, pauvres en oxygène. C'est un parent du Grand Silure (*Silurus glanis* L.), de taille nettement plus imposante (parfois plus de 2 m), qui peuple les grands fleuves d'Europe centrale et d'Europe de l'Est.

CYPRINODONTE D'EUROPE DU SUD

Aphanius fasciatus Val.

Famille des Cyprinodontidés. Il vit dans les eaux courantes ou stagnantes de la région méditerranéenne. Taille : 8 cm.

GAMBUSIE

Gambusia affinis Baird et Girard

Famille des Pœciliidés. Originaire du sud des États-Unis, elle fut introduite en Europe pour combattre la malaria en détruisant les larves de moustiques. Taille : 3 cm (femelle) à 7 cm (mâle).

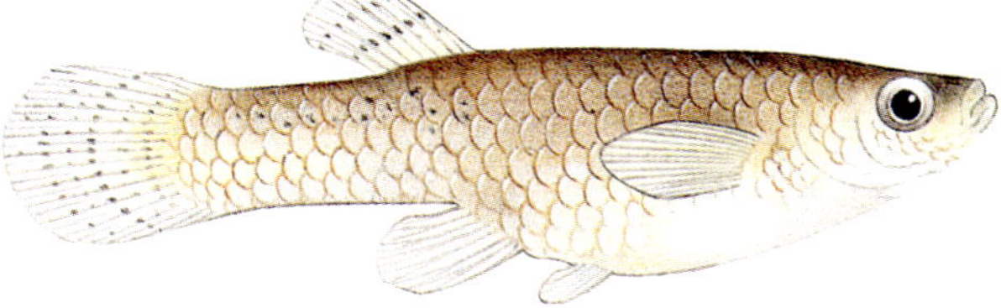

BRÈME COMMUNE

Abramis brama L.

Famille des Cyprinidés. Très répandue, la Brème commune peuple les lacs et les rivières de toute l'Europe centrale, septentrionale et orientale, ainsi que les îles Britanniques. C'est un poisson au corps très haut, comprimé latéralement, mesurant de 30 à 40 cm. La Brème commune a une grande importance commerciale, et elle est aussi considérée comme une proie de choix par les pêcheurs sportifs. Sa chair est prisée et peut être fumée.

BARBEAU COMMUN

Barbus barbus L.

Famille des Cyprinidés. Le Barbeau vit sur le fond, dans la région moyenne des rivières à courant rapide d'Europe continentale. Il atteint 1 m de long pour un poids de 8 kg. Certaines espèces voisines, comme le Barbeau méditerranéen (*Barbus meridionalis* Risso) vivent exclusivement dans le sud ou l'est de l'Europe. Malgré ses nombreuses arêtes, la chair du Barbeau commun est assez estimée. Ce poisson est apprécié pour la pêche sportive.

BRÈME BORDELIÈRE

Blicca bjoerkna L.

Famille des Cyprinidés. La Brème bordelière, qui ressemble beaucoup à la Brème commune, vit dans les bas-fonds des lacs de plaine et dans le cours inférieur des rivières d'Europe centrale et septentrionale. Sa chair est pleine d'arêtes et peu estimée. C'est un poisson à croissance très lente, qui atteint 30 cm à l'âge de dix ans.

CARPE

Cyprinus carpio L.

Famille des Cyprinidés. Originaire d'Asie, la Carpe est aujourd'hui répandue en Europe et dans beaucoup d'autres régions du monde. Elle affectionne les eaux dormantes ou stagnantes des plaines, à fond vaseux et riches en végétation. C'est un poisson très prolifique, à croissance rapide, pouvant atteindre 1 m pour 30 kg. En général, son corps est entièrement recouvert d'écailles, mais certaines variétés, comme la Carpe miroir n'en portent que quelques-unes, tandis que la Carpe cuir en est dépourvue ou presque. Sa chair est assez bonne.

CHEVAINE

Leuciscus cephalus L.

Famille des Cyprinidés. Répandu dans presque toute l'Europe. Sa chair est pleine d'arêtes et peu appréciée, mais c'est un bon poisson pour la pêche sportive.

LOCHE DE RIVIÈRE

Cobitis taenia L.

Famille des Cobitidés. Apparentée à la Loche franche (*Noemacheilus barbatulus* L.). Taille : 10 cm. Chair médiocre.

GOUJON

Gobio gobio L.

Famille des Cyprinidés. Ce petit poisson au corps allongé ressemble au Barbeau, dont il se distingue par sa taille (10-12 cm) et par le fait que sa tête est moins allongée. Poisson de fond, il fréquente le cours moyen des rivières. Chair assez bonne.

IDE MÉLANOTE

Leuciscus idus L., *Idus idus* L.

Famille des Cyprinidés. Il vit en Europe centrale, orientale et septentrionale, dans le cours inférieur des grandes rivières, jusqu'aux estuaires à l'eau saumâtre. Exploité économiquement dans certaines régions de Russie, où il est pêché à la senne ou avec des filets de fond, il est aussi apprécié des pêcheurs sportifs, qui le prennent au leurre. Une variété orangée, l'Ide doré, est élevée comme poisson d'ornement.

NASE COMMUN, HOTU

Chondrostoma nasus L.

Famille des Cyprinidés. Il vit dans le cours moyen des rivières, surtout en Europe centrale et orientale. Sa croissance est lente, mais il peut atteindre 40 cm. Des espèces voisines peuplent le sud de l'Europe.

GARDON COMMUN

Rutilus rutilus L.

Famille des Cyprinidés. C'est un des poissons les plus répandus d'Europe. Le Gardon habite les lacs, les étangs et les cours d'eau au courant lent. Il mesure en moyenne 25 cm, mais peut dépasser 40 cm dans certaines régions. Des espèces voisines vivent plus au sud et au sud-est du continent. Synonyme : *Leuciscus rutilus* L.

VAIRON

Phoxinus phoxinus L.

Famille des Cyprinidés. Le Vairon est un petit poisson dont la taille dépasse rarement 6 à 10 cm. Très largement distribué, on le rencontre du nord de l'Espagne à l'extrême nord-est de la Sibérie. Il vit dans toutes les eaux froides des cours d'eau, surtout en montagne, et parfois même dans les petits lacs d'altitude. Il est très sensible à la pureté et à la teneur en oxygène de l'eau.

SOFFIE, SOIFFE

Chondrostoma toxostoma Vallot.

Famille des Cyprinidés. Très semblable au Nase commun, il vit dans le sud de la France jusqu'au nord de l'Espagne. Sans grande importance pour la pêche.

ROTENGLE

Scardinius erythrophthalmus L.

Famille des Cyprinidés. Il peuple les eaux calmes et peu profondes de presque toute L'Europe. Sa chair pleine d'arêtes n'a aucune valeur alimentaire. Longueur : de 12 à 30 cm, voire plus.

TANCHE

Tinca tinca L.

Famille des Cyprinidés. La Tanche vit dans les lacs, les marais et les étangs de presque toute l'Europe. Elle atteint en moyenne 35 cm et pèse 1 à 3 kg. Le mâle se distingue de la femelle par ses nageoires pelviennes plus développées. La variété dorée est utilisée dans les étangs comme poisson ornemental. La chair de la Tanche est diversement appréciée.

BLAGEON

Leuciscus souffia Risso

Famille des Cyprinidés. Il vit dans les ruisseaux et les lacs des régions montagneuses, notamment dans le Massif alpin. Les pêcheurs s'en servent comme appât.

ANGUILLE

Anguilla anguilla L.

Famille des Anguillidés. Ce poisson serpentiforme passe une grande partie de sa vie dans les eaux douces de toute l'Europe (mais aussi de l'Afrique du Nord et du Moyen-Orient). Les mâles atteignent à peine 50 cm de long, alors que les femelles peuvent dépasser 1 m, et parfois atteindre 1,50 m, pour 2 kg (parfois plus de 6 kg).

Au bout d'une dizaine d'années passées en eau douce, l'Anguille atteint sa maturité sexuelle. Elle change alors d'aspect : son dos s'assombrit, tandis que son ventre devient argenté (d'où le nom d'Anguille argentée qu'on lui donne à ce stade). Ses yeux grossissent beaucoup, sa tête devient pointue et sa peau dure au toucher.

L'Anguille va alors entreprendre une migration phénoménale pour atteindre son lieu de ponte, situé dans la mer des Sargasses, à plusieurs milliers de kilomètres des côtes européennes. Nommées leptocéphales, les larves issues de la fraie, transparentes et rubaniformes, ne mesurent que quelques millimètres. Elles dérivent avec le Gulf Stream vers les côtes de l'Europe, qu'elles atteignent en trois ans. Là, elles se métamorphosent en civelles de 6 à 7 cm : leur peau se pigmente et leur corps devient cylindrique.

Capables de franchir des obstacles étonnants, les civelles commencent alors à remonter les cours d'eau. Au bout du deuxième hiver passé en eau douce, de petites écailles ovales commencent à se former dans la peau. Pendant leur période de croissance, ces anguilles sont appelées anguilles jaunes car leurs flancs prennent une coloration jaunâtre.

L'importance économique de l'Anguille est considérable. On la pêche à l'aide de nasses et de divers types de filets. Les pêcheurs à la ligne la capturent de nuit avec de longues lignes.

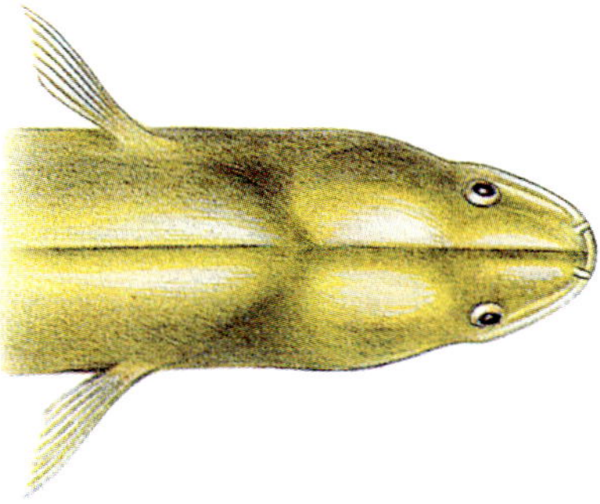

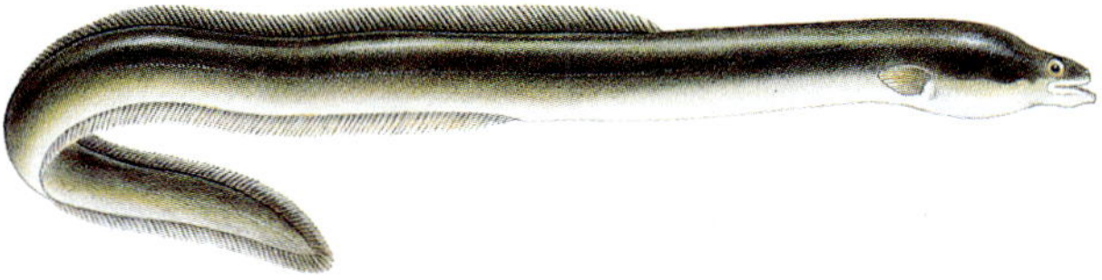

LOTTE, LOTE

Lota lota L.

Famille des Gadidés. C'est la seule espèce de cette famille qui vit en eau douce. Répandue dans presque toute l'Europe, la Lotte affectionne les rivières et les lacs. Elle atteint 75 cm de long pour un poids de 2 à 5 kg. Chair médiocre.

ÉPINOCHE À TROIS ÉPINES

Gasterosteus aculeatus L.

Famille des Gastérostéidés. L'Épinoche est un petit poisson ne dépassant pas 10 cm. Elle présente deux formes : l'une est marine, l'autre vit en eau douce, dans le cours inférieur de la plupart des rivières d'Europe, d'Asie, d'Amérique du Nord et d'Afrique du Nord. En avant de la nageoire dorsale, elle possède trois rayons épineux libres. L'illustration représente un mâle dans sa livrée nuptiale (en haut), et une femelle (en bas).

BLENNIE FLUVIATILE, CAGNETTE

Blennius fluviatilis Asso

Famille des Blenniidés. C'est la seule Blennie d'Europe vivant aussi bien en mer qu'en eau douce. Taille : 12 à 15 cm. Peu fréquente en France, elle est présente dans le Sud-est.

GOBIE DE PANIZZA

Pomatoschistus panizzai Verga

Famille des Gobiidés. Mesurant à peine 5 cm, c'est l'un des plus petits gobies. Il vit dans le lac Majeur et le lac de Garde, en Italie.

SANDRE

Stizostedion lucioperca L., *Lucioperca lucioperca* L.

Famille des Percidés. Doté d'un corps élancé, le Sandre est un prédateur vorace qui vit dans les eaux profondes des grands lacs et des cours d'eau de l'Europe centrale et orientale ; il a colonisé le Rhin et le Rhône et a été introduit dans d'autres régions françaises. Exigeant sur la qualité de son habitat, il apprécie les eaux riches en oxygène et non polluées. Le Sandre peut dépasser 1 m de long et peser 15 kg. C'est une proie très prisée des pêcheurs sportifs et sa chair est réputée.

PERCHE SOLEIL

Eupomotis gibbosus L.

Famille des Centrarchidés. Originaire de l'est des États-Unis, la Perche soleil a été introduite en Europe à la fin du XIXe siècle pour son aspect décoratif. On la trouve aujourd'hui en maintes régions d'Europe centrale et occidentale, dans les eaux douces peu profondes, riches en végétation. Dans certaines zones, elle est même considérée comme une espèce envahissante et nuisible car elle se nourrit, entre autres, de jeunes poissons plus prisés. Sans grand intérêt pour la pêche, elle est appréciée des aquariophiles pour sa livrée vivement colorée et irisée. Son corps, haut et comprimé, ne dépasse guère 20 cm ; les deux nageoires dorsales sont soudées. Les œufs sont déposés dans un trou creusé dans le sable et gardés avec vigilance par le mâle jusqu'à la dispersion des jeunes. Synonyme : *Lepomis gibbosus.*

BLACK-BASS, PERCHE TRUITÉE

Micropterus salmoides Lac.

Famille des Centrarchidés. Le Black-bass, comme l'espèce précédente, appartient à une famille très proche des perches. En Amérique du Nord, son pays d'origine, il peut peser plus de 10 kg, alors qu'en Europe, où il a été introduit vers la fin du XIXe siècle, son poids dépasse rarement 2 à 3 kg. Au printemps, la femelle creuse dans le fond des étangs et lacs un trou qu'elle garnit de plantes, et y dépose plusieurs milliers d'œufs qu'elle va garder et protéger jusqu'à la dispersion des jeunes alevins.

Une espèce voisine, le Black-bass à petite bouche, ou Perche noire à petite bouche (*Micropterus dolomieu* Lac.), a été introduite en Europe à la même époque, mais ne s'y est pas aussi bien acclimatée.

PERCHE

Perca fluviatilis L.

Famille des Percidés. La Perche peuple les lacs et les rivières de presque toute l'Europe centrale, occidentale et septentrionale, et d'une grande partie de l'Asie. Très recherchée pour sa chair exquise, elle est capturée à l'aide de nasses, de filets et d'hameçons. C'est aussi une proie de choix pour les pêcheurs sportifs. La fraie a lieu au printemps : la femelle pond plusieurs milliers d'œufs en longs rubans gélatineux qu'elle abandonne à leur sort ; ils éclosent 2 à 3 semaines plus tard, donnant naissance à des larves de 5 mm. De croissance très lente, la Perche atteint 20 cm au bout de 7 ans. Les jeunes vivent en bancs, tandis que les adultes mènent une existence plus solitaire. La coloration de la Perche dépend du milieu où elle vit : les sujets qui peuplent les eaux peu profondes sont très colorés, tandis que ceux qui habitent en profondeur sont sombres et peu colorés.

CHABOT, CHABOISSEAU

Cottus gobio L.

Famille des Cottidés. Il vit sur le fond pierreux des cours d'eau et des lacs riches en oxygène. Taille : 15 cm. La Truite s'en nourrit.

POISSONS D'AQUARIUM

Il semble que ce soit la célèbre marquise de Pompadour, favorite du roi Louis XV, qui ait lancé la mode des aquariums ornementaux en plaçant des poissons rouges qu'elle avait reçus en cadeau au milieu de son salon, suscitant ainsi l'admiration de ses invités.
L'élevage de poissons exotiques dans de petits aquariums domestiques connaît depuis longtemps un vif succès, qui ne cesse de s'accroître. Avec leurs formes élégantes ou bizarres, leurs couleurs vives et contrastées, les poissons d'aquarium contribuent indéniablement à la décoration d'un intérieur.
Plus de 600 espèces de poissons peuvent vivre dans un espace très réduit et sont faciles à élever en aquarium. Elles proviennent de toutes les régions du monde, et en particulier des pays tropicaux. Toutefois, les espèces les plus communes disponibles dans le commerce ne sont pas plus d'une centaine.
En ce qui concerne l'achat, l'installation et l'entretien de l'aquarium, ainsi que le choix des espèces les mieux adaptées, il convient de s'adresser aux revendeurs spécialisés.
Dans ce petit guide, consacré principalement aux poissons de mer et d'eau douce, nous n'avons décrit qu'un petit nombre d'espèces ornementales, parmi les plus répandues ou les plus spectaculaires, qui ne font pas ici l'objet d'une classification systématique.

POISSON ROUGE, CYPRIN DORÉ

Carassius auratus L.

Famille des Cyprinidés. Originaire d'Extrême-Orient, c'est sûrement le plus connu des poissons d'ornement. Élevé en Chine depuis des temps très anciens, c'est un proche parent du Carassin (*Carassius carassius* L.), dont la répartition s'étend de l'Europe à l'Extrême-Orient. Le Cyprin doré fut introduit au Portugal en 1611 et en France vers 1750. Depuis, il s'est répandu dans de nombreuses régions d'Europe: on le trouve actuellement à l'état sauvage dans

beaucoup de lacs, d'étangs et de cours d'eau au courant lent, surtout en Europe de l'Est. Il peut en effet très facilement revenir à la vie sauvage, et, en quelques générations, il perd alors sa teinte rougeâtre pour redevenir blanc argenté. En tant que poisson d'agrément, il prospère dans les bassins et les étangs des parcs, car il est très peu exigeant, aussi bien pour sa nourriture que pour la température ambiante (de 10 à 25 °C) ou la qualité de l'eau. Les spécimens de petite taille supportent bien la vie en aquarium. Il en existe d'innombrables variétés, savamment sélectionnées par les éleveurs pour leur couleur (unie ou bariolée) ou pour leurs formes originales. Ainsi, la variété dite «Queue-de-voile», représentée page 167 à droite sur l'illustration, ou le Poisson télescope, dont les énormes yeux globuleux sortent de la tête et sont dirigés vers le haut.
Le Poisson rouge se reproduit facilement en captivité. Au printemps, la femelle pond quelques milliers d'œufs qui éclosent 2 à 7 jours après la ponte. Les jeunes sont vert olive ou brunâtres, les pigments orange n'apparaissant qu'au bout de plusieurs mois. Le Poisson rouge atteint sa maturité sexuelle à l'âge de 3-4 ans. Il peut vivre jusqu'à 30 ans et atteindre 30 cm de long, s'il est élevé dans un bac suffisamment spacieux. Sa nourriture préférée est constituée d'insectes et de leurs larves. Aussi est-il parfois employé pour détruire les larves d'insectes nuisibles comme les moustiques. Sa chair n'a aucune valeur alimentaire et a même souvent franchement mauvais goût.

RASBORA, POISSON ARLEQUIN

Rasbora heteromorpha Duncker

Famille des Cyprinidés. Originaire des îles de la Sonde et de Malaisie, c'est un des poissons d'aquarium les plus communs (en haut sur l'illustration). Il est apprécié pour son tempérament sociable et pacifique. Un seul couple peut donner naissance à des centaines de petits chaque année. Le Rasbora requiert une eau assez chaude, autour de 25 °C. Taille : 4,5 cm.

GOURAMI BLEU

Trichogaster trichopterus sumatranus Pallas

Famille des Anabantidés. Originaire d'Asie du Sud-Est, il a un tempérament pacifique. Il ressemble au Poisson du Paradis (voir figure page 173). Taille : 12 à 15 cm.

SCALAIRE

Pterophyllum scalare Liechtenstein

Famille des Cichlidés. Originaire de l'Amazonie, c'est un des poissons d'aquarium les plus décoratifs. Il nage lentement, parfois même vers l'arrière. Longueur du corps : 12-13 cm (moins de 1 cm d'épaisseur). Hauteur totale : 25 cm. En haut sur l'illustration.

PLATY TACHETÉ

Xiphophorus maculatus Günther

Famille des Pœciliidés. Originaire du sud du Mexique et du Guatemala, il en existe de nombreuses variétés d'aquarium de couleurs différentes. Très rustique, on l'élève en laboratoire pour faire des recherches biologiques. Taille : 4-5 cm. En bas sur l'illustration.

Parmi les poissons d'aquarium les plus courants, les trois espèces suivantes sont réputées pour leur robustesse et leur résistance.

POISSON DE PARADIS, MACROPODE

Macropodus opercularis L.

Famille des Anabantidés. Originaire de Chine, il construit un grand nid de bulles pour abriter ses œufs. Taille : environ 7 cm. En haut à gauche sur l'illustration.

DANIO ZÉBRÉ, PETIT DANIO

Brachydanio rerio Ham.-Buch.

Famille des Cyprinidés. Originaire de l'Inde, il est très vif et aime la compagnie de ses semblables. Taille 4-5 cm. En haut à droite sur l'illustration.

PORTE-ÉPÉE, XIPHO

Xiphophorus helleri Heckel

Famille des Pœciliidés. Originaire du Mexique. La nageoire caudale du mâle se prolonge par un éperon caractéristique. Taille : 8-11 cm. En bas sur l'illustration.

NÉON, TÉTRA NÉON

Paracheirodon innesi Myers, *Hyphessobrycon innesi*

Famille des Characidés. Originaire d'Amazonie, ce splendide petit poisson ne dépassant pas 4 cm est très répandu. En haut à gauche sur l'illustration.

BARBUS DE SUMATRA

Barbus tetrazona Fowler, *Puntius tetrazona* Bleeker

Famille des Cyprinidés. Taille : 6 cm. En haut à droite sur l'ilustration.

CORYDORAS POIVRÉ, CORYDORAS À CASQUE

Corydoras paleatus Jenyns

Famille des Callichthyidés. Originaire du bassin de la Plata, il se nourrit de restes, c'est pourquoi on l'utilise dans les aquariums comme nettoyeur. Taille 7 cm. En bas sur l'illustration.

TÊTE PLATE

Epiplatys chaperi Sauvage

Famille des Cyprinodontidés. Originaire d'Afrique de l'Ouest. Tempérament pacifique. Taille : 6 cm. En haut sur l'illustration.

GUPPY

Pœcilia reticulata Peters

Famille des Cyprinodontidés. Originaire d'Amérique du Sud. Il est très robuste et se reproduit facilement. Taille : 3 à 5 cm. Au centre à gauche sur l'illustration.

PRISTELLA

Pristella riddlei Meek

Famille des Characidés. Originaire du Venezuela. Son corps est presque transparent. Taille : 5 cm. Au centre à droite sur l'illustration.

FEUX-DE-POSITION

Hemigrammus ocellifer Stein.

Famille des Characidés. Originaire d'Amazonie. Facile à élever. Taille : 5 cm. En bas à droite sur l'illustration.

TÉTRA ROUGE SANG

Hyphessobrychon callistus Boul.

Famille des Characidés. Originaire d'Amérique du Sud. Taille : 3 cm. En haut à droite sur l'illustration.

TÉTRA NOIR, VEUVE NOIRE

Gymnocorymbus ternetzi Boul.

Famille des Characidés. Originaire du Paraguay, du Brésil et de Colombie. Taille : 7 cm. En haut à gauche sur l'illustration.

BARBUS INSULAIRE

Barbus oligolepis Bleeker, *Puntius oligolepis*

Famille des Cyprinidés. Originaire de Sumatra. C'est un poisson pacifique, peu exigeant et facile à élever. Taille : 5 cm. En bas sur l'illustration.

INDEX DES NOMS FRANÇAIS

INDEX DES NOMS SCIENTIFIQUES

TABLE DES MATIÈRES